CARMINA PRIAPEA

Griechisch-lateinisch-deutsch

Herausgegeben und übersetzt
von Niklas Holzberg

DE GRUYTER

ISBN 978-3-11-075136-9
e-ISBN (PDF) 978-3-11-075137-6

Library of Congress Control Number: 2021944596

Bibliografische Information der Deutschen Nationalbibliothek
Die Deutsche Nationalbibliothek verzeichnet diese Publikation in der Deutschen Nationalbibliografie; detaillierte bibliografische Daten sind im Internet über http://dnb.dnb.de abrufbar.

Für Einbandgestaltung verwendete Abbildungen:
Cologny (Genève), Fondation Martin Bodmer, Cod. Bodmer 52: 6v/7r
(www.e-codices.unifr.ch)

Satz im Verlag
Druck und Bindung: Beltz Bad Langensalza GmbH

♾ Gedruckt auf säurefreiem Papier
Printed in Germany

www.degruyter.com

Für Fabian Zogg

INHALT

ANHANG

EINFÜHRUNG

Priap (griech. Príapos, lat. Priápus), das ist der kleine Gott mit dem großen, rot bemalten, erigierten Phallus. Seit dem 2. Jahrhundert v. Chr. in Lampsakos am Hellespont in verschiedenen Funktionen verehrt und in das Rom der späten Republik ›eingewandert‹, wo er vor allem als Gartengott Menschen und Tiere von Diebstahl in seinem Revier abhalten sollte, reizte er schon früh die Poeten zur Beschäftigung mit seiner Person. Er war überwiegend ›Held‹ vereinzelter Epigramme, im griechischen Sprachraum vom Hellenismus (323–31 v. Chr.) bis weit ins 6. Jahrhundert n. Chr., im römischen Imperium seit etwa der Mitte des 1. Jahrhunderts v. Chr. ebenso bis in die Spätantike; zudem wurde er je einmal in die Gattungen Verssatire und elegische Erzählung, ja sogar in eine Romanhandlung integriert. Darüber hinaus gelang es ihm, Hauptperson in einer ganzen Papyrusrolle zu sein, einem 80 Epigramme aneinanderreihenden Buch, das, weil man es bis in jüngere Zeit für eine Anthologie von ›Priapeen‹ aus der Feder mehrerer Dichter hielt, nach wie vor allgemein *Corpus Priapeorum* genannt wird. Es würde aber treffender als *Libellus Priapeorum* bezeichnet. Denn insgesamt 567 Verse enthaltend, hat die Epigrammserie immerhin den Umfang eines ›Büchleins‹ – *libellus* ist Diminutiv zu *liber*, einer Buchrolle, auf der über doppelt so viele Verse Platz hatten –, und man darf darin das Werk eines einzigen Autors sehen, der es als eine kunstvoll konzipierte Einheit schuf. Das konnten gründliche Textanalysen seit dem Jahr 1962, in dem die bahnbrechende Monographie Vinzenz Buchheits (s. S. 226) erschien, überzeugend zeigen.

Den Namen dieses Autors kennen wir nicht, weil er ihn vielleicht mit Absicht nicht außen auf der Papyrusrolle verriet. Der Grund dafür könnte sein, dass seine Epigramme, die er einer schon durch den riesigen steifen Penis obszön wirkenden Gestalt gewidmet hat, noch obszöner sind als fast alles, was uns außerdem an Priap-Poesie aus dem Altertum überliefert ist. Gleichwohl bewegt sich der Anonymus bei seinem Umgang mit einer Thematik, die man als denkbar unanständig und entsprechend vulgär empfinden kann, auf hohem literarischem Niveau. Deshalb betrachten wir zunächst diesen singulären Fall von auch poetischer ›Größe‹, die sich im Rahmen eines *libellus* entfaltet, und wenden uns anschließend erst den älteren und dann den nach dem ›Büchlein‹ entstandenen Dichtungen über den Gott zu.

Kallimacheische Poesie an der Tempelwand

Beim *Corpus Priapeorum*, im Folgenden CP abgekürzt, handelt es sich wie bei Stratons *Moûsa paidikē* (*Knabenmuse*) – so oder ähnlich der Titel eines verlorenen *liber*, der allein päderastische Epigramme enthielt und dessen Reste in Buch 12 der *Griechischen Anthologie* bewahrt sind – und wie bei Martials *Liber spectaculorum* (*Buch der Spiele*) sowie seinen Büchern *Xenia* (*Gastgeschenke*) und *Apophoreta* (*Tafelgeschenke*) um ein monothematisches Epigrammbuch. Es hat aber im Gegensatz zu den vier gerade genannten *libri* mit Catulls erstmals wahrscheinlich als *libellus* publizierten Gedichten 1–60, Ps.-Vergils Büchlein *Catalepton* (*Kleinigkeiten*) und Martials zwölf Büchern *Epigrammata*, die alle drei thematisch variieren, eines gemeinsam: Der Autor verwendet mehr als ein Versmaß, also nicht ein einheitliches für einen einheitlichen Stoff, und zwar das elegische Distichon, den Hendekasyllabus und den Hinkjambus (s. die Übersicht S. 175f.). Da der Anonymus mit seinen intertextuellen Bezügen zu Epigrammatikern außer Catull (ca. 87–54 v. Chr.) und Ps.-Vergil (1. Jh. n. Chr.) auch Straton (Ende 1./Anfang 2. Jh. n. Chr.) und Martial (ca. 40–102 n. Chr.) evoziert, dürfte sein *libellus* im 2. Jahrhundert n. Chr. geschrieben sein, vermutlich in der ersten Hälfte.

Eine direkte Verbindung zu Catull, Straton und Martial stellt der

Anonymus in den Gedichten 1–3 her, die er als Proömium in drei Teilen gestaltet hat, wobei in den beiden ersten seine Persona redet – ich nenne sie, um sie vom realen Autor abzugrenzen, CP-Dichter – und in Nr. 3 Priap. In Nr. 1 fordert der CP-Dichter den Leser in intertextuellem Bezug zu Martial 1,4 auf, die poetischen Spiele (*lusus*) der Gedichte mit heiterer Miene zu lesen, und in Nr. 2, worin er wie Catull Nr. 1 den Begriff *libellus* gebraucht, erklärt er wie Straton in dessen Nr. 1 (AG 12,1) seinen Verzicht auf das Herbeirufen der Musen. Zu ihnen würde auch nicht passen, was Priap dann in Epigramm 3 programmatisch von sich gibt: Er bitte den von ihm Angesprochenen nicht verschlüsselt, nein, ganz offen darum, ihn »in den Arsch ficken« (*pedicare*) zu dürfen. Seine Ausdrucksweise nennt der Gartengott wiederum mit Rekurs auf Martial (1 epist.) *Latine dicere*, was unserem ›auf gut Deutsch sagen‹ entspricht.

Das Bekenntnis zur Verwendung von Vulgarismen steht auf den ersten Blick in Widerspruch dazu, dass der Verfasser des *libellus Priapeorum* sich, wie seine subtile Intertextualität impliziert – er ›zitiert‹ im Laufe des Buches noch andere griechische und römische Dichter –, an ein gebildetes Publikum wendet; ein solches zieht, wie man erwarten sollte, formschöne poetische Diktion einer zotenhaften vor. Als *poeta doctus* knüpft der Anonymus eindeutig an die von Kallimachos (ca. 320 – nach 245 v. Chr.) begründete poetische Tradition an, welche eine am Alltagsleben, also nicht an Göttern und Helden orientierte Thematik in feinsinnig ausgefeilter Sprache behandelt. Das gilt ebenso für die wie der Autor der 80 Priapeen Lateinisch schreibenden Epigrammatiker Catull, Ps.-Vergil und Martial. Aber während diese drei Dichter Obszönität nur stellenweise mit derben Worten thematisieren, geht es bei dem Anonymus ständig ›auf gut Lateinisch‹ nicht allein um anale, sondern auch um vaginale und orale Penetration. Das bewirkt eine Diskrepanz zwischen literarisch anspruchsvoller kallimacheischer Poetik und einer Textsorte, die man bei uns z. B. als Graffito an den Wänden öffentlicher Toiletten findet. Offensichtlich bedeckten Kritzeleien die kleinen für Priap in der Antike errichteten Tempel, denn der CP-Dichter sagt in Epigramm 2, er habe seine eines Gartens, nicht eines *libellus* würdigen Gedichte, die er gleich in 1,1 für »unvollkommen« erklärt, auf den Wänden des von ihm apostrophierten Gottes aufgezeichnet. Nun lesen wir sie aber in einem Gedichtbuch – und dazu, dass wir das CP als ein solches betrachten sollen, nicht als eine Graffiti-Sammlung, raten die intertextuellen Bezüge zu ›klassischen‹ *libelli* gleich in den ersten Texten. Es ist die durch die Programmatik der CP-Epigramme 1–3 artikulierte Spannung zwischen *poesis docta* und Aborthaus-Textualität, die, weil sie das ganze Buch prägt, den speziellen Reiz des *libellus* ausmacht.

Gedichtbücher waren in der griechisch-römischen Antike kunstvoll strukturiert und man las, während man die Papyrusrolle aufwickelte, ein Gedicht nach dem anderen in der vorgegebenen Reihenfolge, also linear. Im CP erkennen wir die sorgfältig ordnende Hand des Autors an der Art, wie er bestimmte Motive gezielt variiert, und überdies daran, dass die Epigrammserie auf ein Ende hin konzipiert ist, mit dem wir zu Beginn eher nicht rechnen; es wird jedoch bei der Zweitlektüre, die ein *poeta doctus* unbedingt erwartete, schon relativ früh vorhersehbar. Davon soll im nächsten Abschnitt die Rede sein, jetzt von der Variationskunst des Anonymus, welche die Buchstruktur konstituiert. Zum Ausdruck kommt sie gewissermaßen ›technisch‹ in seinem Umgang mit den drei von ihm verwendeten Metren, aber auch inhaltlich in der Disposition der Themen. Gerrit Kloss, dessen Untersuchungen zum CP (s. S. 227) zu den bedeutendsten gehören, entdeckte, dass der *libellus* symmetrisch in fünf Blöcke zu je vierzehn Gedichten (1–70) und eine Koda gegliedert ist, die zehn Gedichte (71–80) anhängt. Sozusagen zur Einführung in das System weist die Gedichtgruppe 1–14 das regelmäßige Abwechseln elegischer Distichen und Hendecasyllabi auf. Wie dieser Block jeweils sieben Epigramme in einem der beiden Metren bietet, so auch jede der vier weiteren Gruppen. Sie bestehen alle aus sieben Gedichten mit einem oder mehreren Distichen und sieben nicht-elegischen Epigrammen. Auf diese fünfmal vierzehn Gedichte folgen dann ›zum Kehraus‹ vier in elegischen Distichen (71–74), drei in Hendecasyllabi (75–77), zwei in Choliamben gedichtete Epigramme (78–79) und das Schlusswort des CP-Dichters wieder in Distichen (80).

Zu Beginn des *libellus* werden uns gleich nach der Programmatik der Gedichte 1–3 die aus dem antiken Priap-›Diskurs‹ hergeleiteten Themen in Nr. 4–10 präsentiert. Es sind sechs, die man mit Thomas Gärtner – auch seine CP-Analyse (s. S. 227) erbrachte sehr wichtige Resultate – unterscheiden kann: 1. Sakralhandlung, insbesondere Weihe von Gegenständen (Nr. 4), 2. Strafandrohung (Nr. 5 und 6), 3. Spiel mit Sprache (Nr. 7), 4. Implizite Poetik (Nr. 8), 5. Verhältnis Priaps zu anderen Göttern (Nr. 9), 6. Verhältnis zu Frauen (Nr. 10). Am häufigsten vertreten ist das zweite Motiv, das, in Nr. 5 und 6 zweimal hintereinander behandelt, die Vorstellung abwandelt, Priap lasse es Menschen und Tiere büßen, wenn sie in der Absicht in seinen Garten eindringen, etwas zu stehlen oder irgendwelchen Schaden zu tun; das vollzieht er mit seinem erigierten Phallus durch die bereits genannten Formen der Penetration. Auf diese lange Gedichtreihe möchte ich im nächsten Abschnitt näher eingehen, nachdem wir einen Blick auf die anderen fünf Gruppen geworfen haben.

Lalage, die in Gedicht 4, dem ersten der Gruppe 1, dem Gartengott Illustrationen aus dem Buch der Elephantis über Sexpositionen weiht, gehört zu einer Schar von sechs Personen, die in dem *libellus* neben dem CP-Dichter und Priap sowie einem sprechenden Apfelbaum (61; s. u.) in Erscheinung treten (4, 21, 27, 34, 37, 40, 50, 53, 65). Sie alle bringen dem Gott irgendeine Gabe dar, und da der damit verbundene Wunsch sich meist darauf richtet, dass der Spender irgendwie sexuell profitiert, wird durch den Text der ansonsten in der Antike alltägliche Vorgang der Weihung satirisch verfremdet. Besonders amüsant ist der Schluss von Gedicht 37, in dem ein am Penis Verletzter den Gott darum bittet, seinem auf eine Votivtafel aufgemalten kranken Körperteil Linderung zu verschaffen: Statt zum Zeichen der Gewährung zu nicken wie etwa Zeus in Homers *Ilias* (1,528), bewegt Priap den »Schwanz«.

Stets auf Priaps Phallus und dessen erotische Funktion beziehen sich auch die Sprachscherze in Nr. 7, 29, 54, 62, 67, 68 und 72, welche die dritte Motivserie bilden. Drei von den Epigrammen zielen darauf ab, den Leser das Verb *pedicare* aussprechen zu lassen (7, 54 und 67), und in einem Gedicht, dem mit 38 Versen längsten im Buch (68), versucht Priap sich in der Erklärung homerischer Wörter – *kouleón* etwa bedeutet für ihn nicht ›Schwertscheide‹, sondern wegen der Homophonie dasselbe wie *culus* (›Arsch‹) – sowie in der Kunst der Exegese von *Ilias* und *Odyssee*; beispielsweise interpretiert er die Bogenprobe in dem jüngeren Epos als einen Wettstreit zwischen Odysseus und den Freiern, bei dem es lediglich darum geht, wer den *nervus*, den man hier doppelsinnig zu verstehen hat (›Sehne; Penis‹), am straffsten spannen kann. Das will offenkundig als Parodie auf die in der Antike eifrig betriebene allegorische Auslegung der beiden Texte interpretiert sein und ist als solche ein sehr witziges und darüber hinaus höchst geistreiches Spiel.

Von der kallimacheischen Poetik zeigt sich die an sie anknüpfende griechisch-römische Dichtung auch darin geprägt, dass sie explizit über sich selbst poetologisch reflektiert – im CP geschieht das außer in 1–3 in Nr. 49 –, und zwischen den Zeilen. Letzteres finden wir in den Gedichten des vierten Themenkomplexes (8, 14, 29, 41, 47, 60, 61, 79, 80), die z. T. an strukturell markanten Stellen platziert sind. So fordert Priap in Nr. 14, das die erste der fünf Doppel-Heptaden abschließt, jedermann, also auch die Leser, dazu auf, in seinem Heiligtum einzukehren, da man dort keine Scheu vor »strengen Göttern« haben müsse, sondern es mit einem »Nichtsnutz und einer sehr kleinen Gottheit des bebauten Landes« zu tun haben werde. Als ›klein‹ galten innerhalb der griechisch-römischen Poesie gleichfalls die schon von Kallimachos gepflegten Gattungen Elegie und Epigramm, weil sie im Gegensatz zu den ›großen‹, Epos und Tragödie, nicht z. B. von »Königen oder ... Heroen« (Kallim.

Aitia [Ursprungssagen] 3–5) künden, und mithin rechnet sich der CP-Dichter, indem er in Epigramm 14 indirekt metapoetisch durch Priaps Mund spricht, zu den Vertretern der ›Kleinpoesie‹.

Obwohl ein kleiner Gott innerhalb des ›minderen‹ Genres, positioniert sich Priap neben den »strengen Göttern«, also den olympischen, in dem Epigrammzyklus 9, 20, 36, 39, 75, der fünften Themengruppe. Dabei macht er stets etwas, das mit den anderen Unsterblichen jeweils untrennbar verbunden wird, zum Thema einer Aufzählung: in 9 und 20 die Waffe, in 36 ein körperliches Merkmal, in 39 die Schönheit und in 75 einen Kultort; ein solcher Katalog beginnt z. B. in Nr. 9 mit dem Blitz Jupiters. An das Ende der Reihe setzt Priap in Nr. 9, 20, 36 und 39 seinen »Schwanz« als das, was ihn auszeichnet. Diesen müsste er in den letzten Versen von Nr. 75 wohl im Zusammenhang mit seinem Kultort Lampsakos nennen, aber das erfolgt wider Erwarten nicht; wie das meines Erachtens zu erklären ist, sage ich im nächsten Abschnitt. Zuvor sei noch der sechste Motivkomplex angesprochen, das Verhältnis Priaps zum weiblichen Geschlecht. In der großen Gruppe der hier relevanten Gedichte (10, 12, 18, 19, 26, 32, 43, 46, 48, 57, 63, 66, 78) findet man junge Frauen neben alten und/oder hässlichen, und man sieht deutlich, dass der Gartengott die erste Kategorie von sich weist, bei der zweiten dagegen offenbar kein Glück hat. Nehmen wir etwa die Frau in der Gruppe der jungen, über die Priap in Nr. 78 berichtet und die er sogar seine »Geliebte nebenan« nennt: Er verflucht in dem Epigramm ihren »Fotzenlecker«, weil dieser der *puella*, wie Priap von ihr erfahren hat, die Klitoris so zerschunden habe, dass sie kaum laufen könne und deswegen nicht zu dem Gott komme. Stimmt das oder könnte ihr Nichterscheinen einen anderen Grund haben? Das möchte ich nun in Verbindung mit einer Betrachtung der Texte des bisher ausgesparten zweiten Themenkomplexes, der ›Strafandrohung‹, zu beantworten versuchen.

Die Impotenz des potenten Gottes

Das Motiv der Strafandrohung, welche darin besteht, dass der Gott mit dem riesigen erigierten Phallus als Gartenwächter vor dem unbefugten Betreten seines Reviers auf seine Fähigkeit zur gewaltsamen Penetration verweist, war dem Autor des CP zweifellos vorgegeben. Denn dieses Motiv ist in griechischen Epigrammen aus dem 1. Jahrhundert v. Chr. sowie in den Priapeen Ps.-Vergils und Martials aus dem 1. Jahrhundert n. Chr., zu denen wir noch kommen werden, klar erkennbar. Dass es der Abschreckung dienen soll, wenn der Gott potentiellen Eindringlingen seine zur ›Exekution‹ benutzte ›Waffe‹ demonstrativ vor Augen hält, darf man voraussetzen. Folglich versteht man es nur zu gut, wenn in der ersten Doppel-Heptade des *libellus* mehrfach die Größe und ›Gefährlichkeit‹ des erigierten Phallus hervorgehoben wird. Nun fällt aber auf, dass, soweit wir dabei Priaps Stimme vernehmen, er nicht einfach ›mit dem Säbel rasselt‹, sondern gleichzeitig mit seiner Potenz prahlt; am klarsten geht das aus den Gedichten 6, 11 und 13 hervor. So geriert sich aber auch jemand, der einfach Lust aufs Penetrieren hat und mit der Betonung seiner speziellen Befähigung auf diesem Gebiet Sexpartner anlockt. Dem wiederum entspricht im Verhalten des Gartengottes, was man bei linearer Lektüre der Gedichte zum Thema ›Strafandrohung‹ immer deutlicher bemerkt: Priap ist gar nicht in erster Linie an der Ahndung der Übergriffe auf seinen Garten interessiert, vielmehr daran, durch Anwendung seiner Strafmethode seine Geilheit zu befriedigen. Das zeigt sich spätestens in Epigramm 17, wo er einen Wächter rügt, weil der Mann einen Dieb am Zugang zu ihm hindere, wo ein solcher doch, wenn der Wächter ihn herantreten lasse, »stärker ausgeweitet« von dannen gehen werde. Schließlich ist zu konstatieren, dass wir nie erfahren, ob eine derartige ›Strafvergewaltigung‹ je Realität geworden sei.

Betrachten wir jetzt aufgrund dieses Befundes das Gedicht 12, in dem Priap erstmals nicht mit seiner Sexualkraft angibt: Er sagt dort einer uralten, fast zahnlosen Frau, die um Penetration bittet, sie solle ihre Vagina, die er als höchst abstoßend beschreibt, von ihm entfernen. Hier erhebt sich nun eine weitere Frage: Will er nicht oder kann er nicht? Es besteht doch durchaus die Möglichkeit, dass der notorische Prahler die Hässlichkeit des »großen Spalts« (12,13) lediglich zum Vorwand für seine Ablehnung nimmt, weil er gerade nicht potent ist. Und umgekehrt könnte in Nr. 78 die *puella* – damit bin ich bei meinem Versuch einer Antwort auf die am Ende des letzten Abschnitts gestellte Frage – die Verletzung ihrer Vagina fingiert haben, weil sie sich von dem Angeber keine ihr ausreichende Potenz erhoffen zu können glaubt.

Es trifft in der Tat zu, dass Priap in der Koda des *libellus*, zu dem ja auch Gedicht 78 gehört – darauf folgen nur noch die offenbar vom CP-Dichter gesprochenen zwei Epigramme 79 und 80, die, wie wir sehen werden, zusammen einen Epilog bilden –, öfter unmissverständlich zu erkennen gibt, dass er impotent geworden ist. Hat man das wahrgenommen, entdeckt man bei einem *second reading*, dass mehrere Gedichte, die dem bei einem Gott mit riesigem Phallus paradox anmutenden Schluss vorausgehen, als *foreshadowing* begriffen werden können. Nach Nr. 12 haben wir das erneut in Epigramm 26. Darin bittet Priap, ermüdet von der Bedrängnis durch die Libido von Frauen aus der Nachbarschaft, die »Quiriten« um Kastration. Nimmt man jetzt vielleicht noch an, das geschehe, weil der Penis des permanent Potenten denn doch überarbeitet ist, sieht man das nicht unbedingt bestätigt, wenn er dann verrät, er sei »ausgefickt«, erschöpft, mager und bleich, seine Lende sei erlahmt und er spucke »gefahrverheißenden Speichel« aus. So kann auch jemand, dem es an Potenz mangelt, sprechen, und das gilt auch für Gedicht 32, worin Priap erneut eine Frau ablehnt, weil sie ihm zu hässlich erscheint, und gleich darauf insbesondere für Nr. 33: Dort klagt der Gott darüber, dass Najaden und Dryaden, welche die *Priapi* einst »gehabt« hätten, nun nicht mehr da seien, und beschließt, damit er nicht aufgrund der Anspannung seiner Erektion platzt, zu masturbieren. Man darf argwöhnen, dass er die von ihm vermissten Nymphen nicht wie früher befriedigen kann und diese deshalb nicht zu ihm kommen.

Hat man somit schon zum vierten Mal Ursache für den Verdacht, Priap sei immer wieder impotent, wird man das auf acht Gedichte übertragen, die wir noch vor der Koda des *libellus* lesen: 46, 48, 52, 55, 56, 63, 64 und 70. Da es zu weit führen würde, sie alle zu paraphrasieren, greife ich nur das letzte in der Reihe heraus: Priap, der in Nr. 64 einfach weggesehen hat, als eine ›Schwuchtel‹ (*cinaedus*), also ein effeminierter Mann, dem es genügt, penetriert zu werden, aus »Liebe zu der Strafe« zum Stehlen erschienen ist, muss sich laut Gedicht 70 gefallen lassen, was man wohl als etwas Demütigendes auffassen kann: Ein Hund felliert ihn die ganze Nacht. Statt in übermännlicher Pose eine »Schwuchtel« oral zu penetrieren, muss Priap mit einem Tier vorliebnehmen. Er behauptet zwar, der Hund sühne ihm mit der Fellatio dafür, dass er vorher die dem Gott dargebrachten Opfer gefressen hat, aber da es sich dabei um erniedrigende Sodomie handelt, redet er sich das offensichtlich nur ein.

In der Koda des CP (71–80) lässt sich bei keinem der Gedichte vor 79 und 80 ausschließen, dass Priap impotent geworden ist. Nr. 71 und 72 enthalten wieder Warnungen des Gartenwächters an Diebe. Aber in *c.* 71 droht Priapus nicht direkt mit der Penetration, sondern sagt nur zu einem potentiellen Dieb, dieser werde darüber belehrt werden, wie es den Gott schmerze, »Süßes zu verlieren«; gefährlich klingt das nicht gerade. Das schwer verständliche Gedicht 72 besteht aus der Aufforderung eines metrisch unbeholfen sprechenden Unbekannten an Priapus, einen Obstgarten zu schützen (1–2), und der Erwiderung des Gottes (3–4), der den Anonymus mit seinen *brachia macra* bedroht. Darin steckt ein Wortspiel mit *brachium* (›Arm‹) und *brachýs* (griech. ›kurz‹) sowie *macer* (›kurz‹) und *makrós* (griech. ›lang‹), so dass die Verspottung metrischer Insuffizienz die Vorstellung von einem penetrierenden »Arm« in den Hintergrund drängt. In Epigramm 73 erklärt Priapus irgendwelchen

Frauen, sein »Schwanz« erhebe sich nicht steif am Unterleib, aber sie könnten Abhilfe schaffen. Man darf fragen, ob sie dazu willens sind, und wenn der Gott in Nr. 74 mit seinem »Schwanz« plötzlich erneut droht, weckt das den Eindruck, er wolle verhindern, dass wir seine Potenz in Frage stellen. Nr. 75, die schon erwähnte Aufzählung von Kultorten anderer Götter, an deren Ende man Priaps Äußerung des Stolzes auf seine Stadt Lampsakos in Verbindung mit einem erneuten Hinweis auf die Größe seines Phallus erwarten sollte, bleibt das offenbar schuldig. Warum? Ich meine deswegen, weil der Gott, der seine Potenz verloren hat, nicht mehr damit prahlen kann; eine Textlücke muss also nicht angenommen werden.

Wie schlecht es um Priap steht, zeigen besonders die Gedichte 76, 77 und 78. Aus Nr. 76 erfahren wir, dass Priapus ergraut ist und nur noch die Greise Tithonus, Priamus und Nestor zu penetrieren vermag, und in Nr. 77 beschwert sich der Gott, weil die seinen Garten umzäunende Hecke immer wieder dicht gemacht und so der Obst- und Gemüsediebstahl abgewehrt wird; Priap kann mithin nicht das tun, was er früher stets getan zu haben behauptet: »die After von Dieben spalten.« Schon ejakuliert sein Penis von selbst, und darum fleht er die für seine missliche Situation Verantwortlichen an, sie möchten ihm, damit er nicht »durch greisenhaftes Dahinwelken« zugrunde gehe, keine Fibel anlegen, d. h. seine Vorhaut nicht mit einer Nadel durchstechen und so weitere sexuelle Aktivität blockieren. Wenn Priap schließlich in Gedicht 78 von einem nicht zustande gekommenen Rendezvous mit einer *puella* berichtet und die Begründung für ihr Fernbleiben nennt, die sie ihn hat wissen lassen, ergibt sich in der Rückschau auf die vorausgegangenen sieben Gedichte: Ja, man muss den Verdacht hegen, dass die *puella* den Gott mit einer faulen Ausrede abgespeist hat, weil sie nicht damit rechnet, dass Priaps Phallus noch über die von ihr erhoffte Leistungsfähigkeit verfügt.

Es dürfte nun dies deutlich geworden sein: Der 80 Priapeen vereinigende *libellus* präsentiert die einzelnen Gedichte als Reflexe einzelner Episoden im Leben des Gartengottes, indem er sechs Motive abwechselnd variiert. Das geschieht in einer auf den ersten Blick beliebig scheinenden Reihenfolge. Aber weil zunächst punktuell, dann häufiger sowie zum Ende hin einer ganzen Epigrammsequenz Hinweise auf eine gelegentliche und am Schluss permanente Impotenz gegeben werden, liest man eine ›Geschichte‹. Hinzu kommt, dass der Anonymus seine Epigramme konsequent durch Wortbezüge vernetzt hat; so wird z. B. *prurientes* in 26,4 durch *pruriginis* in 27,3 oder *erucarum* in 46,8 durch *erucis* in 47,6 gewissermaßen aufgegriffen. Man kann daher geradezu von einem ›Priap-Roman‹ sprechen. Diesen runden zwei Gedichte ab, die dem Verständnis nicht geringe Schwierigkeiten bereiten, in denen man aber auf jeden Fall, wie ich glaube, einen als Gedichtpaar gestalteten Epilog sehen darf. In Nr. 79 wird Priap gebeten, sich nicht zu schämen, weil »unser Dichter« – offenbar vernehmen wir die Stimme der Gedichte des *libellus* – ihm das Schwergewicht seines steifen Phallus vorgeworfen habe; denn »unser Dichter« sei durch seinen Penis mindestens ebenso stark belastet, habe also auch einen riesigen. Der Sprecher von Nr. 80 dagegen hat einen »Schwanz«, der den »geilen Mädchen« nicht groß genug ist, weshalb er am Beispiel des homerischen Helden Tydeus, der körperlich klein, aber vom Charakter her kampfkräftig war, zu zeigen versucht, wo wahre Größe liege; für die dem Phallus fehlende Größe bittet er Priap in den beiden letzten Versen von Nr. 80 und dem *libellus* um dessen Gunst. Passt das zum CP-Dichter? Steht es nicht im Widerspruch zu Nr. 79? Regina Höschele, die wie Gerrit Kloss und Thomas Gärtner wesentlich zur Interpretation des CP beigetragen hat (s. S. 227), vermutet überzeugend, die Information der in Nr. 79 redenden Gedichte über den Penis des CP-Dichters unterminiere dieser selbstironisch in einem Schlusswort: Wie der Potenzprotz Priap sich im Laufe der Gedichtabfolge als impotent verdächtig macht, so dürfe man den Gedichten nicht glauben, was sie in Nr. 79 behaupten.

Trifft die Deutung zu, dann verabschiedet sich der CP-Dichter auf besonders komische Art. Denn es wäre ja geradezu albern, wenn er am Ende seiner »Wandkritzeleien« auch seinerseits erklären würde, er könne sich mit seinem Penis neben Priap sehen lassen. Stattdessen schränkt er die Behauptung seiner personifizierten Gedichte ein und schließt höchst wirkungsvoll mit einer an den Gott gerichteten Fürbitte für seinen nun einmal nicht so großen »Schwanz«. So feinsinnige Witze wie diesen haben die übrigen aus der Antike überlieferten Priap-Poeme nicht aufzuweisen; in ihnen tritt ja neben dem Gott keine Dichterfigur mit eigenem Profil in Erscheinung. Dennoch verdienen sie unbedingt nähere Betrachtung, zu der wir jetzt übergehen. Als erstes wenden wir uns den griechischen, danach den römischen Texten zu.

Priapismus von Tarent bis Byzanz

Insgesamt 37 griechische Priapeen sind erhalten, und wir lesen sie alle in der *Anthologia Graeca* (= AG) genannten Sammlung von Epigrammen verschiedener Autoren des Zeitraums vom 5. Jahrhundert v. Chr. bis ins frühe Mittelalter. Ihre ersten 15 von 16 Büchern entstanden im 10. Jahrhundert n. Chr. und basierten auf einer Vereinigung mehrerer älterer Sammlungen, die durch Buch 16 ergänzt sind. Darin finden sich Epigramme, die nicht in die 15 Bücher aufgenommen wurden, aber in einer kürzeren, um 1300 redigierten Anthologie stehen; diese stellte der byzantinische Mönch Maximos Planudes zusammen. Er und der Redakteur der Sammlung des 10. Jahrhunderts, die man, weil sie um 1600 in Heidelberg, dem damaligen Regierungssitz der Pfalz, plötzlich auftauchte, *Anthologia Palatina* nennt, ordneten die Epigramme thematisch, nicht chronologisch an. Die jeweils am Inhalt orientierten Einheiten werden in der AG durch die Bücher 1–15 gebildet, von denen fünf zusammen 26 Priapeen umfassen, eines unter den Erotica (Buch 5), zehn unter den Weihepigrammen (Buch 6), zwei unter den epideiktischen (›zur Schau stellenden‹) Epigrammen (Buch 9), 12 unter den protreptischen (›ermahnenden‹) Epigrammen

(Buch 10) und eines unter den Trink- und Spottepigrammen (Buch 11); hinzu kommen elf Priapeen in dem aus der *Anthologia Planuedea* exzerpierten ›Anhang‹ (Buch 16). Da wir über das Leben der Dichter fast nichts wissen und einige Priapeen anonym überliefert sind, können wir die meisten dieser Gedichte nur grob datieren, einige gar nicht. Als ziemlich sicher darf immerhin gelten, dass die beiden von dem im 4. Jahrhundert v. Chr. aktiven Dichter Leonidas von Tarent stammenden Priapeen die für uns ältesten sind. Die jüngsten wurden im 6. Jahrhundert n. Chr. in Byzanz von Agathias Scholastikos, Paulos Silentiarios und Theaitetos Scholastikos geschrieben.

Betrachten wir denn die 37 Epigramme, deren Metrum außer bei einem – AP 6,193 in Hendekasyllaben – das elegische Distichon ist, nach Vorgabe der einzelnen Anthologie-Bücher. ›Eroticum‹ AG 5,200 eines hellenistischen Anonymus gehört eigentlich zu den Weihepigrammen, da es die dem Gott Priap von Alexo, offenbar einer Hetäre, dargebrachten Geschenke enthält: Safranblüten, Efeukränze und Haarbinden. Sie symbolisieren wie die Weihgeschenke der Hetäre Nikonoë in AG 6,292 von Hedylos (um 270 v. Chr.) und die des »Mannweibs« Statyllios in 6,254 von Myrinos (1. Jh. v. Chr.) das Sexualleben der drei Personen, die Priap als Gott der körperlichen Liebe verehren. Als solcher konnte er im griechischen Sprachraum fungieren, aber darauf nimmt in den drei Texten keine Obszönität Bezug, während vier motivisch vergleichbare Gedichte des CP (4, 27, 34, 40) umso mehr Derartiges zu bieten haben. Auch in denjenigen griechischen Priapeen unter den Weihepigrammen, die in ländlichem Ambiente angesiedelt, also darin allen Epigrammen des CP verwandt sind, sucht man die von dem *libellus* her vertrauten Anzüglichkeiten vergeblich: In AG 6,21 eines Anonymus wahrscheinlich des 1. Jahrhunderts v. Chr., 6,22 des Zonas (1. Jh. v. Chr.), 6,102 Philipps von Thessalonike (1. Jh. n. Chr.) und 6,232 des Krinagoras (geb. um 70 v. Chr.) opfern Flurwächter geerntete Früchte sowie ein Gärtner seine Handwerksgeräte, und der inhaltliche Schwerpunkt liegt auf der betont poetischen Benennung und

Beschreibung der Gaben, die Priap in seiner Eigenschaft als Fruchtbarkeitsgott ehren; diese seine Funktion ist ebenfalls im antiken Griechenland nachzuweisen.

Auch die römischen Priapeen bringen den Gott mit Erotik, Früchten und Gartengeräten in Verbindung, wohingegen alles, was über ihn in antiker Poesie im Kontext menschlicher Tätigkeit auf dem Meer gesagt wird, nur in den ihm gewidmeten griechischen Epigrammen zu lesen ist. Als Gott der Fischer bekommt Priap in AP 6,33 und 89 des Makkios, 6,192 des (Aulus Licinius?) Archias (beide 1. Jh. v. Chr.) und 6,193 eines nicht datierbaren Anonymus zum Dank für Hilfe beim Fischfang Geräte, die man dabei verwendete, und weitere Gaben geweiht. Und wieder erhalten wir stilistisch ausgefeilte Beschreibungen, während jeglicher Bezug auf den Phallus Priaps fehlt. In seiner Funktion als Gott der Seeleute erscheint Priap erst in Buch 10 der AG. Da die Griechen sich ihn als Hafenbeschützer dachten, lässt Leonidas von Tarent ihn im Frühjahr, in dem in der Antike die im Winter ruhende Seefahrt erneut begann, den Schiffen das Auslaufen gebieten und kombiniert das mit einer eindrucksvollen Skizze der sich belebenden Natur sowie der Wind- und Meeresstille. Sein Epigramm, das Buch 10 eröffnet, wurde Vorbild für mehrere Texte, die im Variieren der Motive geradezu schwelgen: 10,2 des Antipater von Sidon (gest. um 125 v. Chr.), 10,4 des Markos Argentarios (um 20 v. Chr.), 10,5 des Thyillos (wohl 1. Jh. v. Chr.), 10,6 des Satyros (2. oder 1. Jh. v. Chr.), 10,14 des Agathias, 10,15 des Silentiarios und 10,16 des Theaitetos sowie vielleicht 10,17 des Antiphilos (1. Jh. v. Chr.), falls nicht mit dem ohne Namen apostrophierten Hafenbeschützer Pan gemeint ist. Öfter spricht hier Priap, so auch in 10,8 (wieder von Archias) und dem anonymen 10,9, wo er sich selbst als effizienter Helfer der Fischer charakterisiert.

In Buch 9 der AG lesen wir zwei einem der großen hellenistischen Autoren, dem vor allem für seine bukolischen Gedichte bekannten Dichter Theokrit von Syrakus (1. H. 3. Jh. v. Chr.), zugeschriebene Priap-Epigramme. In der Hirtenwelt sind auch sie lokalisiert, und beide Male geht es um den dort besonders prominenten Daphnis: In 9,338 ermahnt das Sprecher-Ich den Hirten, vor den ihm nachstellenden Göttern Pan und Priap, die schon nahen würden, zu fliehen, und in 9,437 (von Ps.-Theokrit?) schickt ein Hirte einen anderen zu einem Heiligtum Priaps in einem Locus amoenus (›idyllischer Ort‹), den er anschaulich beschreibt; der Angeredete soll von Priap erflehen, er möge entweder die Liebe des Sprechers zu Daphnis aufhören lassen oder deren Erfolg bewirken, wofür der Sprecher das Opfer einer jungen Kuh, eines Bocks und eines Lamms gelobt. In diesem Epigramm wird im Gegensatz zu den bisher betrachteten Weihgedichten der Phallus des Gottes erwähnt. Sogar im Zentrum steht er in AG 11,224 des Antipater von Thessalonike (1. Jh. v. Chr.): Dort konstatiert Priap, dass der erigierte »Schwanz« eines Kimon größer ist als seiner, ein Sterblicher also einen Unsterblichen übertrifft. Damit sind wir nun ganz in der Nähe des CP, speziell der Nr. 79 mit dem Vergleich zwischen dem Penis des CP-Dichters und demjenigen des Gottes. Motivisch eng verwandt mit den Priapeen des *libellus* sind die elf Texte in Buch 16, deren Bewahrung wir dem Mönch Planudes verdanken (86, 236–243, 260–261); die Nennung der Autoren, die z. T. mit den bereits genannten identisch sind, erspare ich mir jetzt. Nur hier finden wir in griechischen Priapeen die Bedrohung eines Diebes mit dem Vollzug der analen und oralen Penetration, nur hier die Variante, dass der Gott geil auf das »Bestrafen« ist (240, 7f.), nur hier wie in CP 30 die Gestaltung eines Epigramms als reinen Dialog (240). Doch selbst diesen Gedichten fehlt allzu derbe Obszönität. Da es verbale Berührungen einzelner Verse des *libellus* mit Versen von Priapeen der AG gibt, darf man vermuten, dass der CP-Dichter intertextuelle Bezüge herstellt und so für den Kenner der griechischen Epigramme seine ›Vergröberungen‹ deutlich macht.

Außer den 37 griechischen Priapeen der AG haben wir die Texte von zwei auf den Gott bezogenen griechischen Inschriften, von denen die ältere in Versen verfasst ist (IG XII 3,421c). Entstanden in der zweiten Hälfte des 3. Jahrhunderts v. Chr., stammt sie von einem Artemidoros aus Perge und gehört zu einer Reihe hexametrischer Epigramme auf verschiedene Götter; Priap spricht selbst und verwendet jambische Trimeter, in denen er verkündet, er sei als Wohltäter mit unvergänglichem Reichtum in Thera auf der gleichnamigen Ägäis-Insel erschienen. Da der Text auf einer von mehreren in einen Felsen gehauenen Stufen innerhalb eines Heiligtums festgehalten ist, fühlt man sich daran erinnert, dass der CP-Dichter in 2,10 behauptet, seine Gedichte seien auf den Wänden eines Priap-Tempels aufgezeichnet; zudem sind die vier Verse des Artemidoros sehr schlicht, woraus man ableiten kann, dass sogar die Fiktion des CP-Dichters, seine Gedichte seien »unvollkommen« (1,1), einen realen Hintergrund haben könnte. Auch in der zweiten Inschrift (Suppl. Epigraph. 4, 1929, 10 Nr. 59), die nicht vor dem 3. Jahrhundert n. Chr. im heutigen Casalotto bei Acriale in Sizilien auf einer zweigesichtigen Priap-Statue angebracht wurde, spricht der Gott, diesmal in Prosa. Inhaltlich steht sein Text dem CP weit näher als der von Artemidoros gedichtete, da Priap nicht nur sagt, er sei von Rubrius aus Samos errichtet worden, sondern auch seine Aufgabe nennt: Er soll Dieben seinen erigierten »dicken Schwanz« zeigen, was er dann auf Latein wiederholt. Man möchte sich vorstellen, dass der Autor des Textes obszöne Priapeen kannte.

Abgesehen von Theokrit befindet sich unter den Dichtern griechischer Priapeen keiner, der sich im kulturellen Gedächtnis des heutigen Bildungsbürgertums einen Platz erobern konnte. Das gelang dagegen mehreren römischen Poeten, die u. a. der Welt des Gartengottes Verse widmeten, und sie sollen das Thema des nächsten Abschnitts sein.

Der kleine Gott und die großen Dichter

Der erste klingende Name ist C. Valerius Catullus (ca. 87–54 v. Chr.). In der überlieferten, ursprünglich sehr wahrscheinlich auf drei Büchern verteilten Sammlung seiner *Carmina* lesen wir kein an Priap gerichtetes oder von diesem handelndes Gedicht. Aber zwei spätantike Philologen, Nonius Marcellus (Anf. 4. Jh.) und C. Marius Victorinus (Mitte 4. Jh.), zitieren je ein Bruchstück aus einem Epigramm; von dem einen sind vier Verse des Anfangs, in denen der Sprecher dem Priap einen Hain weiht, von dem anderen lediglich Reste eines Verses übrig: »... von dem meinen zu naschen ist eine Lust.« In beiden haben wir das Metrum des Priapeus, den Euphonios, ein hellenistischer Dichter, für Priapeen vermutlich in einer Sammlung von Texten des Genres verwendete. Aus diesem Buch sind nur drei Verse übrig, und ihr Metrum weist in den erhaltenen griechischen und lateinischen Priapeen außer den zwei gerade genannten Fragmenten allein Ps.-Vergils drittes Epigramm im *Catalepton* auf. Dass Catull wirklich die fünfeinhalb Verse schrieb, bezweifle ich, weil sie nicht seinem poetischen Niveau entsprechen und ich nicht sehe, wo sie unter den metrisch variierenden *carmina* 1–60, die einen wohlstrukturierten *libellus* bilden, gestanden haben könnten. Darin befindet sich aber ein in Priapeen abgefasstes Gedicht, die Nr. 17, in der wir entweder die Stimme Priaps – so Gerrit Kloss (s. S. 228) – oder die der Persona Catulls in priapischer Pose vernehmen. Diese nimmt der *poeta* eindeutig in dem vorausgehenden Gedicht 16 ein, indem er zwei Freunde mit der Bestrafung durch orale und anale Penetration bedroht, weil sie ihn wegen seiner »weichlichen Verse« für zu wenig schamhaft hielten. Der in Nr. 17 »ich« Sagende verkündet in derber Sprache, die zu einem Priapeum passt, er wolle einen von ihm als humorlos, dumm und träge charakterisierten Mann von einer Brücke kopfüber in den Schlamm werfen. Als Begründung nennt er, jener dulde es, dass seine Frau, die »ein Mädchen in blühendstem Alter« sei, scherzt, »wie es ihr passt«, also ihn betrügt. Sie müsse aber »sorgfältiger gehütet werden [...] als die schwärzesten Trauben«, und dieser Vergleich bietet sich für ein Sprecher-Ich in der Rolle Priaps, des Wächters über Obst und Gemüse, natürlich an.

Von einem Zeitgenossen Catulls, M. Furius Bibaculus, ist auch nur durch ein Zitat, diesmal Suetons (ca. 75–150), ein in acht Hendecasyllabi geschriebenes, doch wahrscheinlich vollständiges Epigramm tradiert, das thematisch hierher gehört. Darin lesen wir, dass Furius' älterer Dichterkollege, der gelehrte Valerius Cato, in einer ärmlichen Hütte wohne, im Gärtchen einen »Wächter Priap« stehen habe und sich von denkbar karger Kost ernähre. Das veranlasst den Sprecher zu der Frage, wie Cato zu so großer Weisheit gelangt sei, dass ihm das bis ins hohe Alter genüge. Catos Priap können wir uns nicht primitiv genug vorstellen. Der Priap des Hirten Thyrsis dagegen, den P. Vergilius Maro (70–19 v. Chr.), Dichter der *Bucolica* von ca. 35 v. Chr., durch Thyrsis in V. 33–36 der Ekloge 7 anreden lässt, ist immerhin aus Marmor gemacht, ja, Thyrsis verheißt ihm für den Fall, dass »Nachkommenschaft [s]eine Herde auffüllt«, die Gabe eines Phallus aus Gold. Priap erscheint hier erneut als Fruchtbarkeit bewirkender Gott und dann als Gartenwächter, der Diebe und Vögel abwehrt, freilich »nur« mit seiner Sichel, in Vergils Lehrgedicht vom Landbau, den *Georgica* (4,110f.). Ausschließlich in diesen beiden Passagen, deren erste man ein ›Mini-Priapeum‹ nennen könnte, spricht der Dichter von Priap. Doch obgleich Vergil als besonders keusch galt (oder vielleicht gerade deswegen), hat ein Poet des 1. Jahrhunderts n. Chr., der sich als Vergil maskierte und unter dessen Namen Jugendgedichte mit dem Titel *Catalepton* (*Kleinigkeiten*) schrieb, den Dichter drei Priapeen verfassen lassen. Diese Texte, die wir im nächsten Abschnitt betrachten wollen, enthalten sogar das lateinische Wort für ›Schwanz‹ (*mentula,* 2,18 und 21). In der Renaissance ging man dann gar so weit, Vergil das *Corpus Priapeorum* zuzuweisen.

Vergils Freund Q. Horatius Flaccus (65–8 v. Chr.) hat der Person Priaps ein ganzes Gedicht in seinem bald nach den *Bucolica* entstandenen ersten Buch der in Hexametern gedichteten *Satiren* gewidmet: Nr. 8. Der Gott sagt zu Beginn, er sei »einst« unnützes Holz gewesen, bis ein Tischler nach der Überlegung, ob er eine Fußbank oder einen Priap daraus anfertigen solle, sich für das zweite entschieden habe. Das ›zitiert‹ Carlo Collodi (1826–1890) zu Beginn seines Kinderbuchs *Pinocchio* – aus »einst war ich« wird »Es war einmal« –, und auch von seiner Holzfigur steht etwas Langes ab, freilich nur im Gesicht und nur, wenn er lügt. Priap verweist zwar auf seine rote »Waffe« zur Abschreckung von Dieben und Vögeln« – er nennt sie *palus* (V. 5) in deutlicher Anspielung auf *phállos* (die Römer sprachen das *phi* als behauchtes *p*) –, aber in der Satire setzt der Gott sie gegen die Eindringlinge in sein Revier nicht ein. Bei diesem handelt es sich um den Park von Horaz' Patron Maecenas, der auf dem Esquilin, einem der sieben Hügel Roms, auf dem Boden eines einstigen Friedhofs für arme Leute angelegt wurde. Ein solcher Ort, so erzählt Priap, habe zwei Hexen dazu angelockt, magische Rituale mit dem Ziel der Totenbeschwörung zu zelebrieren, und die Frauen seien von einem lauten Furz, der ihm entfahren sei, in die Flucht geschlagen worden. Der Text geht nicht zufällig 1,9 voraus, der berühmten ›Schwätzersatire‹, denn dort rekapituliert Horaz als satirischer Ich-Sprecher, wie er einen unangenehm auf ihn einredenden Zeitgenossen vom Eindringen in den Freundeskreis des Maecenas abgehalten habe. Man darf aus der Motivparallele folgern, dass der Dichter in der Gestalt Priaps verborgen ist, wie wir es ja auch für Catull in dessen Gedicht 17 mit dem priapeischen Metrum vermuten dürfen.

Bei Horaz wird der rote »Pfahl« des Gartengottes immerhin erwähnt. Tibull dagegen (gest. 18 v. Chr.) erinnert mit seinem Beitrag zur Priap-Dichtung, Gedicht 4 des ersten Buches seiner erotischen Elegien von etwa 29/28 v. Chr., insofern an Vergil, als der Gartenwächter auch bei ihm nur mit einer Sichel bewaffnet ist (so ebenfalls in Tibull 1,1,17f.). Ihn apostrophiert am Textanfang der Ich-Sprecher in drei elegischen Distichen, in denen er dem Gott ein vor Sonnenhitze und Schneefällen schützendes Dach über dem Kopf wünscht und um Belehrung über die Kunst der Eroberung schöner Knaben bittet. Nachdem er noch kurz vermerkt hat, dass der Gott der Sohn des Weingottes Bacchus (Dionysos) ist – als Mutter geben antike Zeugnisse meist Venus/Aphrodite an –, und das Abwehrgerät erwähnt hat, erfüllt Priap in einem 32 Distichen umfassenden Lehrvortrag (9–72) die Bitte, indem er den Sprecher in das ›System‹ angewandter Päderastie einführt. Das erinnert daran, dass man Priap in der griechischen Oikumene, wie wir gesehen haben, auch als Gott der körperlichen Liebe verehrte; in dieser Eigenschaft wird er z. B. in CP 50 von einem bei einer *puella* erfolglosen Mann angesprochen, der Priap für den Fall, dass er sie doch noch erringt, das Umwinden des »Schwanzes« mit einem Kranz verheißt. Aber in Tibull 1,4 fungiert der Gott nicht als Helfer, sondern schlüpft lediglich in die Rolle eines Lehrers der Liebeskunst, wie sie Ovid in seiner bekannten *Ars amatoria* übernimmt. Dabei unterscheidet sich Tibulls Priap von anderen Priapi, vor allem dem des CP, darin, dass er nicht ein einziges Mal obszön redet (was die Gattungsgesetze der Elegie gar nicht gestatten würden). Warum der Sprecher um die Unterrichtsstunde gebeten hat, erfährt man am Ende des Gedichts: Ihn quält seine Liebe zu einem Knaben, der Marathus heißt. Offenbar tritt Priap einfach nur deswegen als Erotikdozent auf, weil durch seine Figur eine gewisse Komik ins Spiel kommt, die in der römischen Liebeselegie schon bei Tibull oder Properz immer wieder durchbricht und dann in den *Amores* Ovids ein ganz wesentliches Darstellungselement konstituiert.

Publius Ovidius Naso (43 v.-ca. 17 n. Chr.), wie er mit vollem Namen hieß, schrieb in elegischen Distichen außer erotischer Dichtung und (nach der Verbannung ca. 9 n. Chr.) Klagen über sein Exildasein auch eine Mischung aus Lehr- und Kataloggedicht: die *Fasti* (*Festkalender*) mit ihren von Tag zu Tag voranschreitenden Erklärungen, aus welchem Anlass Rom seine Festtage beging. Meist greift Ovid dabei zu einem Aition (›Ursprungssage‹), und im Mittelpunkt eines solchen steht Priap in je einem Mythos des Januar-Buches (1,391–440) und des Juni-Buches (6,319–346); mit Letzterem beendete Ovid das Werk wohl während der Verbannungszeit. Zum

Fest der Agonalien am 9. Januar setzt der Kalenderkommentator sich ausgiebig mit dem Tieropferwesen auseinander und erzählt zur Erklärung dafür, dass Priap in seinem Hauptkultort Lampsakos Esel geschlachtet wurden, wie der Gott bei einem Göttertreffen anlässlich einer Feier für Bacchus in der Nacht versucht, die schlafende Nymphe Lotis zu vergewaltigen; das wird dadurch verhindert, dass der Esel, auf dem Silen reitet, ein alter Mann im Gefolge des Weingottes, sein Iah ertönen lässt. Die Szene endet mit dem Gelächter der Götter über den erigierten Phallus Priaps, den man im Mondlicht sieht. Dieser Elegiker nennt ihn zwar, schreibt aber ›euphemistisch‹, der Gott sei »noch allzu bereit mit seinem unanständigen Teil« erblickt worden. Warum Ovid eine Variante des Mythos zum Vesta-Fest am 9. Juni präsentiert – jetzt veranstaltet Kybele das Göttertreffen, und es ist die jungfräuliche Göttin des Festtages, nach der Priap vergeblich seinen Phallus reckt –, kann man nur vermuten. Es gibt mehrere Indizien dafür, dass der Dichter die *Fasti* absichtlich mit dem sechsten *liber* abschloss, und eines davon liefern thematische Rückbezüge zu Buch 1, zu denen auch die Abwandlung des Priap-Aitions gehört. Wohl weil Vesta, deren Kult Augustus als Pontifex Maximus (›Oberster Priester‹) vorstand, in Rom als hochheilig galt, entfiel hier das Schlusstableau mit dem Erheiterung auslösenden steifen Penis Priaps. In der ersten Version rückt es seine Geschichte in die Nähe eines Epigramms, das in eine Überraschungspointe mündet.

Wie in diesem Abschnitt gezeigt, erlebte während der mit Catull beginnenden und mit Ovid zu Ende gehenden Blütezeit der römischen Dichtung das zuvor offensichtlich allein als Epigramm gestaltete Priapeum eine Verschmelzung mit der catullischen Sonderform von Lyrik, der Verssatire, der erotischen und der erzählenden Elegie. Aus der Kaiserzeit sind außer Inschriften wieder fast nur epigrammatische Priapeen überliefert, zwei davon, die Epigrammen ähnlich sind, in Romanprosa eingelegt.

Epigramme, Epigraphe und ein Roman

Offenkundig schon bald nach dem Tod Ovids (ca. 17 n. Chr.) blickte Rom auf die großen Dichter der augusteischen Epoche, ihn und seine älteren Kollegen Vergil und Horaz, als Klassiker zurück. Vor allem in dem Dichter der *Aeneis* und dem der *Metamorphosen* sah man Vorbilder für alle künftige Poesie, und einzelne Verehrer der zwei Großen gingen so weit, sich die Maske eines der beiden aufzusetzen und Dichtungen zu produzieren, die fingierten, sie stammten von Vergil oder Ovid. Lange Zeit hielt man solche Werke für Fälschungen und erachtete es nicht für wert, sie zu interpretieren. Seit etwa zwei Jahrzehnten jedoch fand unvoreingenommene Analyse heraus, dass die Autoren der sogenannten Pseudepigrapha (›Falschzuschreibungen‹) ihre zeitgenössischen Leser, von denen sie eine gute Bekanntschaft mit Vergil und Ovid erwarten konnten, zu einem literarischen Wiedererkennungspiel einluden (wofür übrigens auch einmal ein Tibull-›Pseudepigraphum‹ zur Grundlage diente, Buch 3 des *Corpus Tibullianum*). Um die Fiktionalisierung konsequent durchzuführen, mussten sie ihre Namen verschweigen, weshalb wir leider z. B. nicht wissen, welcher kluge Kopf hinter dem faszinierenden pseudovergilischen *Culex* (*Die Mücke*) steckt. Einer der Anonymi maskiert sich im 18. Gedicht der Epigrammsammlung *Catalepton* (*Kleinigkeiten*), die im 1. Jahrhundert n. Chr. entstanden sein müsste, als Editor von 17 Jugendgedichten Vergils, die wiederum er selbst fabriziert hat. Diese Texte ordnete er in dem *libellus* so an, dass man bei linearer Lektüre den Werdegang des jungen ›Vergil‹, der in mehreren Gedichten der Ich-Sprecher ist, verfolgen kann: von der frühen Jugend in der Nähe von Mantua, über die Phasen ›Besuch der Rhetorenschule‹, ›Vorlesungen bei dem Epikureer Siro‹ sowie ›Anregung zu den *Bucolica* durch den Patron (zu dem Messalla gemacht wird)‹. Im letzten Epigramm bekommt man dann eine implizite Vorausschau auf die Abfassung der *Aeneis*. Als die drei Gedichte, die für den ersten der drei Lebensabschnitte stehen, sind sehr passend Priapea gewählt, weil ›Vergil‹ da noch auf dem Land wohnt.

Wenn Priap in Nr. 3 sagt, die Besitzer des Landhäuschens, auf dessen Grundstück sich sein Tempelchen befindet, würden ihn verehren, und er sie als den »Vater und seinen heranwachsenden Sohn« bezeichnen, dürfte er ›Vergil‹ senior und junior meinen. Ansonsten erinnern die drei Gedichte – auch in 1 und 2 vernehmen wir die Stimme des Gartengottes – stark an die ihnen vorausgegangenen griechischen Priapeen. Es überwiegen liebevolle Beschreibungen, hier des Landlebens und des ›vergilischen‹ Anwesens, während von Wächteramt und Strafandrohung nur am Rande die Rede ist und nichts Obszönes verlautet – immerhin zweimal, wie erwähnt, fällt das Wort *mentula* für ›Schwanz‹. An ein ähnliches Konzept hält sich im Großen und Ganzen auch der Epigrammatiker Martial (ca. 40–102/104) in seinen sechs Priapeen 6,16; 49; 72; 73; 7, 91 und 8,40, die zusammen mit den anderen Epigrammen der Bücher 6–8 zwischen Mitte 90 und Mitte 93 n. Chr. publiziert wurden; er kannte offensichtlich die drei Priapeen ›Vergils‹, wie man aus einem Vergleich von 6,73 mit *Catalepton* 2 folgern darf. Freilich tritt die Beschreibung von Priaps Ambiente – der Gott selbst spricht nur in 6,49 und 73 – erheblich hinter amüsantem Umgang mit dem Motiv der Strafandrohung und der nun doch schon deutlich gesuchten Neigung zur Obszönität zurück. Da Martial sich diesbezüglich in anderen Epigrammen keineswegs zurückhält, kann man imaginieren, dass der Autor des CP sich durch die sechs fast noch ›harmlosen‹ Priapeen dazu herausgefordert sah, einen Leerraum auszufüllen und dabei auch mit jenem Genre ›martialisch‹, ja ›martialischer‹ als Martial umzugehen. Kurios erscheint, dass Martials witzigstes Priapeum eigentlich keines ist: das irgendwann unter Domitian geschriebene Einzeldistichon 70 im Buch der *Apophoreta* (*Tafelgeschenke*); es verrät, was für eine Art von Priap-Phallus man fellieren kann, ohne einen unreinen Mund zu riskieren: den Phallus eines aus Weizenmehl gebackenen Priaps.

In Martials Zweizeiler 9,33 liest man von der Ovation durch Beifallklatschen, die wegen seines ›Schwanzes‹ einem Maro – die Absicht einer Anspielung auf den Beinamen Vergils, der in Wirklichkeit als keusch galt, scheint mir unverkennbar – im Bad dargebracht zu werden pflegt. Das Motiv verwendet Petron in den *Satyrica* (*Satyrische Geschichten*) für eine ausführlich geschilderte Szene (92,6–11). Da sie eher aus dem Epigramm abgeleitet sein dürfte als dieses aus der Szene, haben wir hier einen von nicht wenigen Gründen dafür, den Roman nach Martial, also nicht, wie allgemein aufgrund der Erwähnung eines Petron bei Tacitus (16,17,1; 18,1–19,3) üblich, in die Nero-Zeit zu datieren. Dazu passt, dass der Autor des Romans, der Priap mehrfach in die Handlung integriert hat, wie der Autor des nach-martialischen CP die Obszönität gegenüber den vorausgegangenen Texten über den Gott mit dem riesigen Phallus beträchtlich steigert. In den erhaltenen Teilen der *Satyrica* wird schon innerhalb der vierten Episode (16–26,6) eine nächtliche Orgie im Hause einer Quartilla zu Ehren Priaps veranstaltet; die Lücken, welche die mittelalterlichen Exzeptoren ließen, erlauben die Vermutung, dass der hohe Grad an Obszönität der erhaltenen Szenen durch die ›zensierten‹ noch überboten wurde. In der nächsten Episode bietet Trimalchios Tafel einen Priap aus Kuchenteig, der »auf seinem enorm ausgeweiteten Schurz Früchte aller Art und Weintrauben auf ordinäre Weise« trägt (60,4). Besonders ›phallisch‹ geht es später zu, als der Ich-Erzähler Enkolp sich als blinder Passagier auf dem Schiff des Kapitäns Lichas, mit dem er früher offenbar ein Verhältnis, aber auch Ärger hatte, vor diesem versteckt: Dieser erkennt ihn, nachdem Priap dem Mann im Traum gesagt hat, er habe Enkolp auf das Schiff gebracht (104,1). Und warum tat speziell Priap das? Kurz darauf ahnt man es: Lichas identifiziert Enkolp beim Erblicken von dessen Glied, das offenbar eine stattliche Größe hat (105,9).

Am stärksten präsent ist Priap in der Szenensequenz der Kapitel 126–139. Dort erlebt Enkolp ein Liebesabenteuer mit einer Schönen namens Circe, das aber ein jähes Ende findet, weil Impotenz einen

Koitus mit ihr verhindert. Von seiner ›Krankheit‹ versucht ihn die Priesterin Oenothea, eine unansehnliche Vettel, durch allerlei Hokuspokus zu befreien. In den davon handelnden Geschehensabschnitt hat Petron, der seine Prosa immer wieder durch Verse unterbricht, zwei auf Priap bezogene hexametrische Gedichte eingelegt, in denen Enkolp zum Ausdruck bringt, dass er den Gott für sein Leiden verantwortlich macht. Er glaubt nämlich, dass dieser ihn mit Impotenz für einen an ihm begangenen Frevel bestrafe. In dem ersten Gedicht beginnt er mit einer hymnischen Anrufung Priaps, bittet ihn um Verzeihung seines Frevels, der, wie er andeutet, allein in seiner Unfähigkeit zur Liebesvereinigung mit Circe bestanden habe, und verspricht zum Dank außer drei Opfertieren und einer Weinspende einen Tanz der ›betrunkenen Jugend‹ um Priaps Altar (133,3). Im zweiten Gedicht (139,2) zählt er in den ersten sechs von acht Versen fünf mythische Heroen auf, die vom Zorn eines Gottes verfolgt worden seien, zuletzt Odysseus, und setzt dahinter, ihm widerfahre eben dies über Land und Meer durch den Zorn Priaps. Man hat angenommen, der Gott habe Enkolp vom Anfang bis zum Schluss der *Satyrica* ebenso unversöhnlich zürnend nachgestellt wie Juno ihrem Feind Äneas in Vergils gesamtem Epos. Aber das muss Spekulation bleiben, weil wir von dem Roman, der möglicherweise 24 Bücher umfasste, nicht mehr als die lückenhaften Reste von Buch 14–16 und wahrscheinlich 17–20 besitzen. Hinzu kommt, dass Enkolp sich bei seinem Handeln gerne pathetisch und entsprechend lächerlich in die Seele von Sagenhelden hineinversetzt, weshalb er hier das, was ihm Priap seiner Meinung nach zurzeit antut, als eine permanente Heimsuchung seiner Person empfinden könnte.

Im laufenden Zusammenhang ist lediglich von Belang, dass beide *Satyrica*-Gedichte jeweils Epigrammen des CP auffallend ähnlich sind. Das erste erinnert an Nr. 37, worin der am Penis Verletzte von der durch Priap gewährten Hilfe berichtet, und an Nr. 80 mit der Bitte des CP-Dichters, der Gott möge dessen »Schwanz« seine Gunst erweisen. Bei dem zweiten Gedicht evoziert die Aufzählung der verfolgten Heroen und die Aussage über die Verfolgung Enkolps durch Priap in den letzten zwei Versen die Gedichte CP 9, 20, 36 und 39 mit ihrer Aneinanderreihung von Göttern, an deren Ende gleichfalls Priap erscheint. Nun ist uns ein handschriftlich teils Tibull, teils Vergil zugewiesenes, aus 45 reinen jambischen Trimetern bestehendes Gedicht als sechstes Poem der *Appendix Vergiliana* überliefert, das eine weitere Variante eines Gebets an Priap ›in Sachen Penis‹ enthält. Der Sprecher beschwert sich zunächst bei Priap, weil er, der fromme Verehrer des Gottes, bei einem Knaben impotent war, und wünscht ihm denkbar Schlechtes an den Hals (1–18). Dann wendet er sich an seinen ›verbrecherischen Schwanz‹ und droht ihm mit drastischer Bestrafung, z. B. damit, dass ihm zur Penetration nur noch die von einem modrigen Spinnennetz überzogene Vagina einer Alten mit zwei Zähnen dienen werde. Am Schluss will er aber auf Ahndung unter der Bedingung verzichten, dass ihm nach der Rückkehr des »goldenen Knaben« eine dauerhafte Erektion Liebeslust bis zur Erschöpfung beschert (19–45). Das Gedicht mit seiner ständig ins Ekelhafte ausartenden Obszönität bringt eine Steigerung gegenüber dem, was einzelne CP-Gedichte in dieser Hinsicht zu bieten haben. Es ist daher gut möglich, dass der Anonymus den *libellus* kannte, sein Gedicht also später entstand. Auch die Episoden mit dem impotenten Ich-Erzähler bei Petron könnten ihm vorgelegen haben, zumal es in dem Roman eine Szene gibt, in der Enkolp seinen Penis beschimpft. Vorher war er drauf und dran, ihn mit einer Doppelaxt abzuhauen, was aber nicht ging, weil das nicht erigierte Glied »tief in den Unterleib« floh (132,8). Das ist komisch, aber ob man über das jambische Gedicht des Anonymus lachen kann, sei dahingestellt. Viel spricht jedenfalls dafür, dass wir es zusammen mit dem CP und den *Satyrica* ins 2. Jahrhundert n. Chr. datieren können.

Verse über Priap haben wir dann erst wieder aus der zweiten Hälfte des 4. Jahrhunderts n. Chr. Es sind 14 Hexameter, die Aurelius Prudentius Clemens (348 – nach 404) in sein gegen Symmachus, den Präfekten der Stadt Rom, gerichtetes Poem einfügte (1,102–115). Symmachus wird darin als einer der prominenten Anhänger der alten Religion angegriffen, und im Kontext einer damit verbundenen Polemik gegen den heidnischen Götterkult – der Schwerpunkt liegt auf den Betrügereien und sexuellen Ausschweifungen der Unsterblichen – behauptet der Dichter euhemeristisch über Priap dies: Er sei ursprünglich ein Herr über Äcker und Gärten gewesen, der »ländlichen Dirnen« nachgestellt und es mit ihnen im Schutz von Gebüschen und Hecken getrieben habe. Als Gott sei er dann nach Italien gekommen, um die Weingärten des sabinischen Landgutes – man denkt unwillkürlich an dasjenige des Horaz, des Autors von Satire 1,8 – zu bewachen, wofür er jährlich eine Schale Milch und »Gelübdekuchen« empfange; hier zitiert Prudentius Vergil wörtlich (*Ecl.* 7,33; s. S. 128). Priaps Phallus nennt der Dichter verächtlich einen »hässlich angehefteten Ast«. Ein Priapeum kann man das nicht nennen, und ob mit den fünf Hendecasyllabi, die Alexander Riese in einem Druck des von Aegidius Menagius (Gilles Ménage, 1613–1692) verfassten Kommentars zu Diogenes Laertios fand und als Nr. 885 in seine *Anthologia Latina* aufnahm, ein antikes Priapeum vorliegt, erscheint sehr fraglich. Die darin verwendete obszöne Metapher – der Sprecher preist den Garten eines Mädchens, den Priap täglich umgräbt und bewässert – ist in der Antike mehrfach belegt (z. B. in CP 5,4), war aber in der frühen Neuzeit ebenso bekannt.

Von den drei inschriftlich überlieferten lateinischen Priap-Texten sind zwei Epigramme. Bei dem einen (CIL 6,3708), zwei jambischen Senaren, handelt es sich um ein Epitaph, das, in einem Kolumbarium (›Taubenschlag‹ für die Nische in einer Grabkammer) der frühen Kaiserzeit angebracht, in Rom entdeckt und nach Paris geschafft wurde. Es mutet heute seltsam an, dass in einem solchen Kontext das Wort *penis* erscheint, welches in der Antike wie *mentula* »Schwanz« bedeutete. Am Ende des zweiten Epigramms (CIL 5,2803) steht für *pene*, das wahrscheinlich zu *tento* (»mit steifem«)

zu ergänzen wäre, per Überraschungspointe »du weißt, glaube ich, was noch folgt«. Mit der Inschrift weiht ein Perspectus dem Priap einen Tempel, für den er als Gegengabe den Wächterdienst des Gottes erwartet. Den Text fand man um 1450 in Padua auf einem Stein, der nicht erhalten ist, und er stand auch in einem verlorenen Tibull-Kodex, stammt aber schwerlich von dem Elegiker, obwohl er sprachlich in die augusteische Zeit passt; die handschriftliche Version könnte, wenn sie älter war als das Epigraph, von einem Anonymus gedichtet worden sein, der sich die Maske Tibulls aufsetzte. Einen besonders kuriosen Text bietet die dritte Inschrift, die, heute gleichfalls nicht mehr existent, sich im 16. Jahrhundert in Tibur, dem heutigen Tivoli, auf einer Herme (Pans?) mit großem Phallus fand. Wie in den ersten Versen von *Satyrica* 133,3 wird Priap hymnisch gepriesen, sogar als »Schöpfer der Welt« (2f.). Den in Hendecasyllabi mit drei eingestreuten sapphischen Elfsilblern (26, 30, 43) geschriebenen Text zerlegt ein an den »heiligen« Priap gerichteter Vers als eine Art Refrain, der einmal leicht abgewandelt ist und den Hymnus auch abrundet (6, 20, 32, 52), in vier Teile: die Anrufung (1–5), die Aretalogie, die Priaps hohes Ansehen unter den Göttern und seine Funktion als Schützer der Ehe hervorhebt (7–19), die Bitten des Sprechers für seine Person (21–31) und Bekundung der Verehrung des Gottes zusammen mit vom Sprecher hergebetenen Nymphen (33–51).

Dieser Hymnus bildet den Schlusspunkt unserer Reihe von Priap-Dichtungen als ein Text, der dem CP thematisch bemerkenswert ähnlich ist, sowohl bezüglich der Obszönität als auch der Intertextualität. Denn nicht nur geht es mehrfach um das steife männliche Glied, das z. B. von den Mädchen geküsst und mit einem Kranz umwunden werden soll – das zweite Motiv haben wir ebenso in CP 40,3 und 50,6f. –, sondern der Dichter evoziert auch einige ›Klassiker‹, vor allem Catull und Horaz, dazu Lukrez (dessen Venus-Hymnus, *De rerum natura* 1,1ff., anklingt) sowie Vergil, und es spricht viel dafür, dass der Autor außer dem CP Martial, Statius und Apuleius kennt. Das legt nahe zu vermuten, dass der Text wie Petrons Roman, das CP und das Priapeum der *Appendix Vergiliana* im 2. Jahrhundert n. Chr. entstand.

Muss Priap uns »ein ander Wort« geben?

Alle Dichtungen über Priap, die der vorliegende Band vereinigt, habe ich in deutsche Prosa übertragen. Es hätte sich durchaus angeboten, eine metrische Wiedergabe zu versuchen. Aber zum einen ist das bei Gedichten, vor allem bei Epigrammen, weit schwieriger als bei narrativer Poesie, mit der ich Erfahrung habe. Denn Erzählung lässt sich, wenn optimale Wörtlichkeit angestrebt wird, leichter in Versen verdeutschen als Gefühlsäußerung, Reflexion und pointierter Witz. Zum anderen würden die sehr häufig im CP, aber auch immer wieder in anderen Priapeen vorkommenden obszönen Ausdrücke innerhalb der durch das Metrum bedingten poetischen Sprache selbst dann, wenn sich diese noch so sehr von klassistischer Diktion à la Johann Heinrich Voß unterscheidet, wie ein Fremdkörper, ja lächerlich wirken. Freilich ist zu fragen, ob die *dirty words* des Griechischen und Lateinischen adäquat in das moderne Deutsch transferiert werden können. Goethe spricht das Problem in einem seiner Venezianischen Epigramme an (Ammer [S. 229], 108, ⟨I. 69⟩):

Gieb mir statt der Schwanz ein ander Wort o Priapus
Denn ich Deutscher ich bin übel als Dichter geplagt.
Griechisch nennt ich dich φαλλος, das klänge doch prächtig den Ohren,
Und lateinisch ist auch Mentula leidlich ein Wort.
Mentula käme von Mens, der Schwanz ist etwas von hinten,
Und nach hinten war mir niemals ein froher Genuß.

Gewiss, die epigrammatische Pointe verschiebt das Thema, das man aus dem ersten und zweiten Distichon herauslesen kann – Nicht-Eignung des Lexems ›Schwanz‹ für deutsche Poesie –, auf eine andere Ebene, wobei das zunächst noch doppeldeutige ›hinten‹ am Ende von V. 5 den Angelpunkt bildet. Denn »etwas von hinten« kann man nach dem vorher Gesagten auch im Sinne von »etwas Ordinäres« begreifen; man denke an den Begriff ›Latrinensprache‹. Doch der kurze Hinweis auf den Wohlklang von *phallus* bringt die Schwierigkeit, die sich beim Übersetzen obszöner griechischer und lateinischer Texte einstellt, exakt auf den Punkt: Zumindest für uns heute – und wahrscheinlich galt das ebenso für die Zeitgenossen – stechen etwa in dem Vers *cum cunno mihi mentula est vocanda* (CP 29,5) die zwei ›unanständigen‹ Wörter *cunnus* und *mentula* nicht so grell heraus wie in der deutschen Wiedergabe »zusammen mit ›Fotze‹ muss ich ›Schwanz‹ sagen« die beiden Entsprechungen. Man wich daher bis in jüngste Zeit auf Umschreibungen, Metaphern oder ›stubenreine‹ Synonyme aus. Das gilt auch für Carl Fischers CP-Verdeutschung (s. S. 225). Doch er ist insofern ›entschuldigt‹, als er metrisch übersetzt: Er verwendet z. T. Reime und bemüht sich nicht um Texttreue, ja verdeutscht das Original stellenweise sehr ungenau. Nehmen wir dagegen als Beispiel für eine Prosaübertragung, von der man Wörtlichkeit erwarten darf, den sehr ›priapischen‹ Anfang von Catull 16 in der Wiedergabe durch Michael von Albrecht (Stuttgart 1995, S. 25f.):

Pedicabo ego vos et irrumabo,
Aureli pathice et cinaede Furi, …

»Euch Vögeln, euch werde ich Bürzel und Schnabel stopfen,
Strichvogel Aurelius und Betthüpfer Furius, …«

Durch ›Vogel‹ in der Bedeutung Nr. 2 des Duden – »(salopp, oft scherzh.) *durch seine Art auffallender Mensch*: ein lustiger, lockerer, komischer, seltsamer, linker V.«, ein Wort, welches das Original nicht vorgibt, schafft sich auch dieser Übersetzer die Möglichkeit, *pedicare* und *irrumare* metaphorisch wiederzugeben. Aber ›Bürzel und Schnabel stopfen‹ klingt komisch, im zweiten Falle sogar irreführend, da man ›den Mund verbieten‹ verstehen kann, und weder entspricht einem *pathicus* ein »Strichvogel« (so amüsant das Wortspiel sein mag) noch einem *cinaedus* ein »Betthüpfer«; der zweite Ausdruck evoziert nicht sehr glücklich ›Betthupfer‹, weil das laut Duden dies bedeutet: »[zu ↑hupfen, da man nach Verzehr ins Bett ›hüpft‹] *Süßigkeiten o. ä., die Kinder vor dem Zubettgehen bekommen.*« Eine wörtliche Übertragung, die berücksichtigt, dass es um anale und orale Penetration geht, die davon Bedrohten als passive Partner in einer mann-männlichen Beziehung bezeichnet werden und vulgäres Latein das versprachlicht, lautet nun einmal, wenn man vulgäres Deutsch wagt:

> Ich werde euch in den Arsch ficken und in den Mund,
> dich, Schwuchtel Aurelius, und dich, Tunte Furius, …

Die Entscheidung zwischen den beiden Varianten einer Wiedergabe in Prosa sollte vielleicht doch nicht so schwer fallen, und ich plädiere für die zweite. Denjenigen, welchen das Akzeptieren meines Übersetzungsprinzips Probleme bereitet, kann als nachzuahmendes Vorbild jemand dienen, der, nachdem er sich mit einer ihm erstmals vorgelegten Wörtlichkeit des Wiedergebens obszöner Ausdrücke zunächst schwer getan hatte, sich dann doch damit abfand. Es handelt sich um einen 13 Jahre älteren, eher konservativen Kollegen, der bei einer von mir betreuten Dissertation über ›ancient sexualities‹ das andere Gutachten übernahm. Der Doktorand hatte die von ihm herangezogenen Texte, unter denen sich das CP befand, auf die Art wiedergegeben wie ich gerade den Anfang von Catull 16, und dazu schreibt der Kollege, er habe sich, während er in der Doktorarbeit zwischen Weihnachten und Neujahr las, »die teils abstoßenden Inhalte durch die orale Zufuhr von Zuckerplätzchen versüßt.«

Von einem Freund und Kollegen, mit dem ich vor nicht langer Zeit sehr intensiv zusammengearbeitet habe, Fabian Zogg, weiß ich, dass er gegen mein Prinzip der Verdeutschung griechisch-römischer Unanständigkeiten nichts einzuwenden hat. Er ist der Editor von neun Texten, deren Autoren wie derjenige des CP für uns namenlos sind und die spätestens in karolingischer Zeit zur *Appendix Vergiliana* zusammengefasst wurden. Fabian dabei zu erleben, wie er akribisch und konstruktiv zugleich die Texte der sieben Übersetzer durchsah und darüber hinaus neben seiner zeitraubenden Tätigkeit in der Administration seines Instituts einen lesbaren Text des durch und durch korrupt überlieferten Lehrgedichts *Aetna* erstellte, gehört zu den erfreulichsten Erfahrungen meines Philologendaseins. Meinen Dank dafür bekunde ich dadurch, dass ich ihm den vorliegenden Band widme. Zu danken habe ich außerdem Regina Höschele und Lavinia Stumpf für die Durchsicht des Manuskripts, der Epigramm-Spezialistin Regina auch für wertvolle Hinweise.

München, im Sommer 2021 Niklas Holzberg

CORPVS PRIAPEORVM

BUCH DER PRIAPUS-GEDICHTE

I

Carminis incompti lusus lecture procaces,
conveniens Latio pone supercilium.
non soror hoc habitat Phoebi, non Vesta sacello,
nec quae de patrio vertice nata dea est,
sed ruber hortorum custos, membrosior aequo,
qui tectum nullis vestibus inguen habet.
aut igitur tunicam parti praetende tegendae,
aut quibus hanc oculis aspicis, ista lege.

II

Ludens haec ego teste te, Priape,
horto carmina digna, non libello,
scripsi non nimium laboriose.
nec Musas tamen, ut solent poetae,
ad non virgineum locum vocavi.
nam sensus mihi corque defuisset,
castas, Pierium chorum, sorores
auso ducere mentulam ad Priapi.
ergo quidquid id est, quod otiosus
templi parietibus tui notavi,
in partem accipias bonam, rogamus.

III

Obscure poteram tibi dicere: 'da mihi, quod tu
des licet assidue, nil tamen inde perit.
da mihi, quod cupies frustra dare forsitan olim,
cum tenet obsessas invida barba genas,

1

Willst du die frechen Scherze der unvollkommenen Gedichte lesen,
ziehe nicht, typisch für einen Latiner, die Augenbrauen hoch.
Nicht die Schwester des Phöbus wohnt in diesem Tempelchen, nicht Vesta
und nicht die Göttin, die aus dem Scheitel des Vaters geboren wurde,
sondern der rote Wächter der Gärten, der mit dem größeren Glied, als
der seinen Unterleib durch keine Kleider bedeckt hält. [recht ist,
Entweder also spanne eine Tunika vor den zu bedeckenden Teil
oder lies das hier mit denselben Augen, mit welchen du den hier
[betrachtest.

2

Scherzend habe ich – du warst Zeuge, Priap – diese
eines Gartens, nicht eines Büchleins würdigen Gedichte
geschrieben, nicht mit allzu großem Arbeitsaufwand.
Und doch habe ich nicht die Musen, wie die Dichter zu tun pflegen,
an den gar nicht jungfräulichen Ort gerufen.
Denn Verstand und Herz hätten mir gefehlt,
hätte ich die keuschen Schwestern, den pierischen Chor,
zum Schwanz Priaps zu führen gewagt.
Also, was immer das ist, was ich in meiner Muße
auf die Wände deines Tempels gekritzelt habe,
nimm es, ich bitte dich, von der positiven Seite.

3

Durch die Blume könnte ich zu dir sagen: »Gib mir, was du
ständig geben darfst, geht doch nichts davon verloren.
Gib mir, was du vielleicht einst vergeblich zu geben begehrst,
wenn missgünstig der Bart deine Wangen besetzt hält,

quodque Iovi dederat qui raptus ab alite sacra
    miscet amatori pocula grata suo,
quod virgo prima cupido dat nocte marito,
    dum timet alterius volnus inepta loci.'
simplicius multo est 'da pedicare' Latine
    dicere. quid faciam? crassa Minerva mea est.

IV

Obscaenas rigido deo tabellas
ducens ex Elephantidos libellis
dat donum Lalage rogatque, temptes,
si pictas opus edat ad figuras.

V

Quam puero legem fertur dixisse Priapus,
    versibus his infra scripta duobus erit:
'quod meus hortus habet sumas inpune licebit,
    si dederis nobis quod tuos hortus habet.'

VI

Quod sum ligneus, ut vides, Priapus
et falx lignea ligneusque penis,
prendam te tamen et tenebo prensam
totamque hanc sine fraude, quantacunque est,
tormento citharaque tensiorem
ad costam tibi septimam recondam.

und was dem Jupiter gegeben hatte er, der, geraubt vom heiligen Vogel,
seinem Liebhaber willkommene Becher mischt,
was die Jungfrau in der ersten Nacht ihrem geilen Gatten gibt,
wenn sie töricht an der anderen Stelle Verwundung fürchtet.«
Viel einfacher ist, »gib mir, dich in den Arsch zu ficken« auf gut Lateinisch
zu sagen. Was soll ich tun? Meine Kunst ist halt derb.

4

Obszöne Bilder bringt dir, dem Gott mit dem Steifen,
aus dem Büchlein der Elephantis mit und
gibt dir als Geschenk die Lalage, und sie bittet dich auszuprobieren,
ob sie zu den gemalten Stellungen die Praxis zustande bringt.

5

Das Gesetz, das Priap, wie man erzählt, einem Knaben gab,
wird unten in diesen zwei Versen aufgeschrieben sein:
»Was mein Garten hat, wirst du ungestraft nehmen dürfen,
wenn du mir gibst, was dein Garten hat.«

6

Wenn ich auch aus Holz bin, wie du siehst, Priap,
und meine Sichel aus Holz und aus Holz mein Schwanz,
werde ich dich trotzdem packen und gepackt halten
und ganz und gar den hier ohne Abstrich, groß, wie er ist,
straffer als ein gespanntes Seil und eine Kithara
bis zur siebten Rippe in dir verschwinden lassen.

VII

Cum loquor, una mihi peccatur littera; nam T
P dico semper blaesaque lingua mihi est.

VIII

Matronae procul hinc abite castae:
turpe est vos legere inpudica verba. –
non assis faciunt euntque recta:
nimirum sapiunt videntque magnam
matronae quoque mentulam libenter.

IX

Cur obscaena mihi pars sit sine veste, requirens
quaere, tegat nullus cur sua tela deus.
fulmen habens mundi dominus tenet illud aperte;
nec datur aequoreo fuscina tecta deo.
nec Mavors illum, per quem valet, occulit ensem;
nec latet in tepido Palladis hasta sinu.
num pudet auratas Phoebum portare sagittas?
clamne solet pharetram ferre Diana suam?
num tegit Alcides nodosae robora clavae?
sub tunica virgam num deus ales habet?
quis Bacchum gracili vestem praetendere thyrso,
quis te celata cum face vidit, Amor?
nec mihi sit crimen, quod mentula semper aperta est:
hoc mihi si telum desit, inermis ero.

7

Wenn ich rede, verpatze ich einen einzigen Buchstaben; denn t …
p *dico* [= sage ich] immer, und gehemmt ist mir die Zunge.

8

Ihr keuschen Matronen, geht weit fort von hier:
Es ist schändlich, dass ihr unanständige Worte lest. –
Keinen As geben sie darauf und kommen geradewegs her:
Kein Wunder, Geschmack haben die Matronen, und sie
sehen auch gerne einen großen Schwanz.

9

Wenn du dich erkundigst, warum mein obszönes Teil unbekleidet ist,
frage, warum kein Gott seine Waffen bedeckt.
Seinen Blitz hat der Weltherrscher und hält ihn offen;
und nicht wird dem Meergott der Dreizack bedeckt gegeben.
Und nicht verbirgt Mavors jenes Schwert, durch das er stark ist;
und nicht ist die Lanze der Pallas an der warmen Brust verborgen.
Schämt Phöbus sich etwa, seine vergoldeten Pfeile zu tragen?
Und pflegt Diana ihren Köcher heimlich zu tragen?
Bedeckt etwa der Alkide das harte Holz seiner knotigen Keule?
Hat etwa unter der Tunika der geflügelte Gott seinen Stab?
Wer hat Bacchus vor seinem zierlichen Thyrsus sein Gewand [ausbreiten,
wer dich mit verhüllter Fackel gesehen, Amor?
Und mir werfe man nicht vor, dass mein Schwanz immer unbedeckt ist:
Wenn mir diese Waffe fehlt, werde ich wehrlos sein.

X

Insulsissima quid puella rides?
non me Praxiteles Scopasve fecit,
non sum Phidiaca manu politus;
sed lignum rude vilicus dolavit
et dixit mihi 'tu Priapus esto.'
spectas me tamen et subinde rides:
nimirum tibi falsa res videtur
adstans inguinibus columna nostris.

XI

Ne prendare cave. prenso nec fuste nocebo,
saeva nec incurva volnera falce dabo:
traiectus conto sic extendere pedali,
ut culum rugam non habuisse putes.

XII

Quaedam canior Hectoris parente,
Cumaeae soror, ut puto, Sibyllae,
aequalis tibi, quam domum revertens
Theseus repperit in rogo iacentem,
infirmo solet huc gradu venire
rugosasque manus ad astra tollens,
ne desit sibi, mentulam rogare.
hesterna quoque luce dum precatur,
dentem de tribus excreavit unum.
'tolle' inquam 'procul et iube latere

10

Du höchst geschmackloses Mädchen, was lachst du?
Nicht hat Praxiteles oder Skopas mich gemacht,
nicht von der Hand des Phidias bin ich geglättet worden,
sondern der Gutsverwalter hat rohes Holz bearbeitet
und zu mir gesagt: »Du sollst Priap sein.«
Du betrachtest mich trotzdem und lachst immer wieder:
Kein Wunder, eine trügerische Sache scheint dir
die von meinem Unterleib hochstehende Säule zu sein.

11

Hüte dich, gepackt zu werden. Hab ich dich gepackt, werde ich dir
[weder mit einem Knüppel schaden
noch mit der krummen Sichel grausame Wunden zufügen:
Durchbohrt von meiner fußlangen Stange wirst du so ausgeweitet sein,
dass du glaubst, dein Arsch habe nie Runzeln gehabt.

12

Eine, die grauer ist als Hektors Mutter,
eine Schwester, wie ich glaube, der kumäischen Sibylle,
gleich alt wie du, die bei seiner Rückkehr nach Hause
Theseus auf dem Scheiterhaufen liegend vorfand,
pflegt mit unsicherem Schritt hierher zu kommen
und, die runzligen Hände zu den Sternen erhebend,
meinen Schwanz zu bitten, er solle sie nicht im Stich lassen.
Während sie auch am gestrigen Tage betete,
spuckte sie von ihren drei Zähnen einen aus.
»Trage weit weg«, sagte ich, »und lass verborgen bleiben

scissa sub tunica stolaque russa,
ut semper solet et timere lucem
qui tanto patet indecens hiatu,
barbato macer eminente naso,
ut credas Epicuron oscitari.'

XIII

Percidere puer, moneo: futuere puella:
    barbatum furem tertia poena manet.

XIV

Huc huc, quisquis es, in dei salacis
deverti grave ne puta sacellum,
etsi nocte fuit puella tecum.
hac re quod metuas adire, non est.
istud caelitibus datur severis:
nos vappae sumus et pusilla culti
ruris numina, nos pudore pulso
stamus sub Iove coleis apertis.
ergo quilibet huc licebit intret
nigri fornicis oblitus favilla.

XV

Commisso mihi non satis modestas
quicunque attulerit manus agello,
is me sentiet esse non spadonem.
dicat forsitan hoc sibi ipse: 'nemo

unter der zerrissenen Tunika und der roten Stola,
wie sie es ewig gewohnt ist, und das Licht fürchten
sie, die mit einem so großen Spalt unanständig offen steht,
dürr mit der herausragenden bärtigen Nase,
so dass du glaubst, Epikur gähne.«

13

Knabe, ich warne dich: Du wirst arschgefickt werden, du, Mädchen, [gefickt;
den bärtigen Dieb erwartet die dritte Strafe.

14

Hierher, hierher, wer immer du bist, in des geilen Gottes
Heiligtum einzukehren halte nicht für ein schweres Vergehen,
auch wenn in der Nacht ein Mädchen mit dir zusammen war.
Dass du dich deshalb zu nahen scheust, besteht kein Grund.
So etwas wird nur den strengen Himmelsbewohnern erwiesen:
Ich bin ein Nichtsnutz und eine sehr kleine Gottheit
des bebauten Landes, ich stehe ohne Scham
unter freiem Himmel mit unbedeckten Hoden.
Also wird jeder Beliebige hier eintreten dürfen,
ist er auch beschmiert vom Ruß des schwarzen Bordells.

15

Wer auch immer gegen das mir anvertraute Gütchen
Hände wendet, die nicht bescheiden genug sind,
der wird zu spüren bekommen, dass ich kein Eunuch bin.
Er sagt vielleicht dies zu sich selbst: »Niemand wird

hic inter frutices loco remoto
percisum sciet esse me', sed errat:
magnis testibus ista res agetur.

XVI

Qualibus Hippomenes rapuit Schoeneida pomis,
  qualibus Hesperidum nobilis hortus erat,
qualia credibile est spatiantem rure paterno
  Nausicaam pleno saepe tulisse sinu,
quale fuit malum, quod littera pinxit Aconti,
  qua lecta est cupido pacta puella viro:
talia poma pius dominus florentis agelli
  imposuit mensae, nude Priape, tuae.

XVII

Quid mecum tibi, circitor moleste?
ad me quid prohibes venire furem?
accedat, sine: laxior redibit.

XVIII

Commoditas haec est in nostro maxima pene,
  laxa quod esse mihi femina nulla potest.

wissen, dass ich hier zwischen Büschen an abgelegenem
Ort in den Arsch gefickt wurde«, aber er irrt sich:
Mit mächtigen Zeugen wird diese Sache betrieben werden.

16

Wie die Äpfel, mit denen Hippomenes die Schöneus-Tochter hinriss,
wie die, durch welche der Garten der Hesperiden berühmt war,
wie die, welche beim Spaziergang auf dem väterlichen Gut, so darf man
Nausikaa oft im vollen Gewandbausch trug, [glauben,
wie der Apfel war, den Buchstaben des Akontius schmückten,
nach deren Lektüre das Mädchen dem sie begehrenden Mann verlobt war:
Solche Äpfel hat der fromme Herr des blühenden Gütchens
auf deinen Tisch gelegt, nackter Priap.

17

Was hast du mit mir zu schaffen, lästiger Wächter?
Was hinderst du den Dieb, zu mir zu kommen?
Lass ihn herantreten: Stärker ausgeweitet wird er wieder gehen.

18

Der größte Vorteil an meinem Schwanz ist der,
dass keine Frau für mich zu weit sein kann.

XIX

Hic quando Telethusa circulatrix
(quae clunem tunica tegente nulla
exossatius altiusque motat?)
crisabit tibi fluctuante lumbo,
haec sic non modo te, Priape, possit,
privignum quoque sed movere Phaedrae.

XX

Fulmina sub Iove sunt; Neptuni fuscina telum;
    ense potens Mars est; hasta, Minerva, tua est;
sutilibus Liber committit proelia thyrsis;
    fertur Apollinea missa sagitta manu;
Herculis armata est invicta dextera clava:
    at me terribilem mentula tenta facit.

XXI

Copia me perdit: tu suffragare rogatus,
    indicio nec nos prode, Priape, tuo,
quaeque tibi posui tamquam vernacula poma,
    de Sacra nulli dixeris esse Via.

XXII

Femina si furtum faciet mihi virve puerve,
    haec cunnum, caput hic praebeat, ille nates.

19

Wenn hier Telethusa die Straßendirne –
welche bewegt den von keiner Tunika bedeckten
Arsch gelenkiger oder höher? –
für dich mit den Schenkeln wackelt mit wogendem Unterleib,
dürfte sie so nicht nur dich, Priap,
sondern auch den Stiefsohn Phädras erregen können.

20

Die Blitze stehen unter Jupiters Gewalt; Neptuns Waffe ist der Dreizack;
durch sein Schwert mächtig ist Mars; die Lanze, Minerva, gehört dir;
mit seinen zusammengenähten Thyrsusstäben beginnt Liber die Kämpfe,
es eilt, von der Hand Apollos gesandt, der Pfeil dahin;
die unbesiegte Rechte des Herkules ist mit der Keule bewaffnet:
Doch mich macht mein steifer Schwanz fürchterlich.

21

Die Menge vernichtet mich: Du sprich für mich, wenn du befragt wirst,
und verrate uns nicht durch deine Aussage,
und dass die Früchte, die ich dir als vermeintlich heimische gespendet habe,
von der Via Sacra sind, sage niemandem.

22

Wenn eine Frau mir einen Diebstahl begeht oder ein Mann oder ein Knabe,
soll diese ihre Fotze, der seinen Kopf hinhalten, jener seine Arschbacken.

XXIII

Quicunque hic violam rosamve carpet
furtivomve holus aut inempta poma,
defectus pueroque feminaque
hac tentigine, quam videtis in me,
rumpatur, precor, usque mentulaque
nequiquam sibi pulset umbilicum.

XXIV

Hic me custodem fecundi vilicus horti
mandati curam iussit habere loci.
fur habeas poenam, licet indignere 'feram'que
'propter holus' dicas 'hoc ego?' 'propter holus'.

XXV

Hoc sceptrum, quod ab arbore est recisum,
nulla iam poterit virere fronde:
sceptrum, quod pathicae petunt puellae,
quod quidam cupiunt tenere reges,
quoi dant oscula nobiles cinaedi,
intra viscera furis ibit usque
ad pubem capulumque coleorum.

XXVI

Porro — nam quis erit modus? — Quirites
aut praecidite seminale membrum,

23

Wer auch immer hier Veilchen oder Rosen pflückt
oder gestohlenen Kohl oder ungekaufte Früchte,
der soll ohne Knabe und Frau bleiben
und vor Versteifung, wie ihr sie hier an mir seht,
ganz und gar, darum bitte ich, zerplatzen und mit seinem Schwanz
sich vergeblich den Nabel schlagen.

24

Hier hat mir als dem Wächter des fruchtbaren Gartens der Gutsverwalter
befohlen, Sorge zu tragen für den mir anvertrauten Ort.
Als Dieb sollst du bestraft werden, magst du auch entrüstet sein und
»Wegen des Kohls soll ich das ertragen?« »Wegen des Kohls.« [sagen:

25

Dieses Zepter, das von einem Baum geschnitten ist,
wird von keinem Laub mehr ergrünen können.
Das Zepter, wonach geile Mädchen Verlangen haben,
das manche Könige zu halten begehren,
dem vornehme Schwuchteln Küsse geben,
wird innerhalb der Eingeweide eines Diebes bis
zu den Schamhaaren und dem Griff an den Hoden gehen.

26

Zu Hilfe, Quiriten – denn wo ist da noch ein Maß? –,
entweder schneidet ihr mein samenspendendes Glied ab,

quod totis mihi noctibus fatigant
vicinae sine fine prurientes
vernis passeribus salaciores,
aut rumpar nec habebitis Priapum.
ipsi cernitis, effututus ut sim
confectusque macerque pallidusque,
qui quondam ruber et valens solebam
fures caedere quamlibet valentes.
defecit latus et periculosam
cum tussi miser expuo salivam.

XXVII

Deliciae populi, magno notissima circo
Quintia, vibratas docta movere nates,
cymbala cum crotalis, pruriginis arma, Priapo
ponit et adducta tympana pulsa manu:
pro quibus, ut semper placeat spectantibus, orat,
tentaque ad exemplum sit sua turba dei.

XXVIII

Tu, qui non bene cogitas et aegre
carpendo tibi temperas ab horto,
pedicabere fascino pedali.
quod si tam gravis et molesta poena
non profecerit, altiora tangam.

das die ganzen Nächte hindurch mir ermüden
die Nachbarinnen, die endlos geil sind,
brünstiger als Spatzen im Frühling,
oder ich werde zerplatzen, und ihr habt keinen Priap mehr.
Ihr seht selbst, wie ausgefickt ich bin,
erschöpft, mager und bleich,
der ich einst feuerrot und kraftstrotzend Diebe
zu stoßen pflegte, so kraftstrotzend sie auch sein mochten.
Versiegt ist meine Lendenkraft, und gefahrverheißenden
Speichel spucke ich Armer mit einem Husten aus.

27

Liebling des Volkes, bestens bekannt im großen Zirkus,
Quintia, geschickt, ihre vibrierenden Arschbacken zu bewegen,
weiht ihre Becken und Kastagnetten, die Waffen der Geilheit,
Priap, und die Tamburine, die mit der Hand geschlagen werden:
Dafür bittet sie, dass sie immer den Zuschauern gefalle,
und dass steif erregt nach dem Beispiel des Gottes ihre Schar sei.

28

Du, der du nichts Gutes planst und kaum
dich davon zurückhältst, vom Garten zu pflücken,
wirst arschgefickt werden von meinem fußlangen Prügel.
Wenn aber die so schwere und unangenehme Strafe
nichts nützt, werde ich Höheres berühren.

XXIX

Obscaenis, peream, Priape, si non
uti me pudet in probis probrisque.
sed cum tu posito deus pudore
ostendas mihi coleos patentes,
cum cunno mihi mentula est vocanda.

XXX

'Falce minax et parte tua maiore, Priape,
    ad fontem, quaeso, dic mihi qua sit iter.'
vade per has vites, quarum si carpseris uvam,
    cur aliter sumas, hospes, habebis aquam.

XXXI

Donec proterva nil mei manu carpes,
licebit ipsa sis pudicior Vesta.
sin, haec mei te ventris arma laxabunt,
exire ut ipsa de tuo queas culo.

XXXII

Uvis aridior puella passis,
buxo pallidior novaque cera,
collatas sibi quae suisque membris
formicas facit altiles videri;
quoius viscera non aperta Tuscus
per pellem poterit videre aruspex;

29

Ich will des Todes sein, Priap, wenn ich mich nicht schäme,
unter Anständigen obszöne und schimpfliche Wörter zu verwenden.
Doch wenn du als Gott deine Scham ablegst
und mir deine Hoden offen zeigst,
muss ich zusammen mit ›Fotze‹ ›Schwanz‹ sagen.

30

»Mit der Sichel drohend und mit deinem übergroßen Teil, Priap,
bitte, sage mir, wo der Weg zur Quelle geht.«
Geh durch diese Weinstöcke, wenn du davon aber eine Traube pflückst,
wirst du Grund haben, zu anderem Zweck Wasser zu schöpfen.

31

Solange du nichts von dem Meinen mit frecher Hand pflückst,
wirst du keuscher sein dürfen als selbst Vesta.
Wenn aber doch, wird dich diese Waffe meines Bauches ausweiten,
so dass du selbst aus deinem eigenen Arsch herauskriechen kannst.

32

Eine junge Frau, trockener als Rosinen,
bleicher als Buchsbaumholz und frisches Wachs,
die mit ihr und ihren Gliedmaßen verglichene
Ameisen gemästet erscheinen lässt,
deren nicht offenliegende Eingeweide der tuskische
Haruspex durch die Haut sehen könnte,

quae suco caret usque pura pumex,
nemo viderit hanc ut expuentem;
quam pro sanguine pulverem scobemque
in venis medici putant habere –
ad me nocte solet venire et affert
pallorem maciemque larvalem.
ductor ferreus insulae viaeque
lanternae videor fricare cornu.

XXXIII

Naidas antiqui Dryadasque habuere Priapi,
    et quo tenta dei vena subiret, erat.
nunc adeo nihil est, adeo mea plena libido est,
    ut Nymphas omnis interiisse putem.
turpe quidem factu, sed ne tentigine rumpar,
    falce manu posita fiet amica manus.

XXXIV

Cum sacrum fieret deo salaci,
conducta est pretio puella parvo
communis satis omnibus futura:
quae quot nocte viros peregit una,
tot verpas tibi dedicat salignas.

XXXV

Pedicabere, fur, semel; sed idem
si prensus fueris bis, irrumabo;

die, durch und durch reiner Bimsstein, keinen Saft hat,
so dass sie niemand ausspucken sah,
die statt Blut Staub und Sägespäne,
so glauben die Ärzte, in den Adern hat –
die pflegt in der Nacht zu mir zu kommen, und sie bringt
Blässe und gespensterhafte Magerkeit mit.
Ich, der eiserne Wegweiser für Wohnblock und Straße,
komme mir vor, als riebe ich das Horn einer Laterne.

33

Die Priape von einst hatten Najaden und Dryaden,
und da war etwas, wo der steife Schwanz des Gottes eindringen konnte.
Jetzt ist da in solchem Maße nichts, und meine Geilheit ist so stark,
dass ich glaube, alle Nymphen sind ausgestorben.
Schändlich ist zwar, das zu tun, aber damit ich nicht vor Versteifung platze,
wird, wenn ich die Sichel aus der Hand lege, die Hand meine Geliebte sein.

34

Als ein heiliges Fest für den geilen Gott stattfand,
wurde für einen geringen Preis ein Mädchen gemietet,
das zur Genüge allen gemeinsam sein sollte:
Wie viele Männer sie in einer einzigen Nacht geschafft hat,
so viele Schwänze aus Weidenholz weiht sie dir.

35

Dieb, erst wirst du einmal arschgefickt; doch wenn eben du
zweimal ertappt worden bist, werde ich dir in den Mund ficken;

quod si tertia furta molieris,
ut poenam patiare et hanc et illam,
pedicaberis irrumaberisque.

XXXVI

Notas habemus quisque corporis formas:
Phoebus comosus, Hercules lacertosus,
habet figuram virginis tener Bacchus,
Minerva rava lumine ⟨est⟩, Venus paeto,
frontem caprinos Arcadas vides Faunos,
habet decentes nuntius deum plantas,
tutela Lemni dispares movet gressus,
intonsa semper Aesculapio barba est,
nemo est feroci pectorosior Marte:
quod si quis inter haec locus mihi restat,
deus Priapo mentulatior non est.

XXXVII

Cur pictum memori sit in tabella
membrum quaeritis, unde procreamur?
cum penis mihi forte laesus esset
chirurgique manum miser timerem
(nam dis legitimis nimisque magnis,
ut Phoebo puta filioque Phoebi,
curandam dare mentulam verebar),
huic dixi: 'fer opem, Priape, parti,
quoius tu, pater, ipse pars videris;
qua salva sine sectione facta
ponetur tibi picta, quam levaris,

wenn du aber den dritten Diebstahl in Gang setzt,
wirst du, damit du sowohl diese als auch jene Strafe erleidest,
in den Arsch und in den Mund gefickt.

36

Wir alle haben bekannte Körperformen:
Phöbus ist langhaarig, Herkules muskulös,
es hat die Figur einer Jungfrau der zarte Bacchus,
Minerva hat stechende Augen, Venus einen Silberblick,
an der Stirn bocksartig siehst du die arkadischen Faune,
der Götterbote hat die zu ihm passenden Sohlen,
der Schutzherr über Lemnos bewegt ungleiche Schritte,
ungeschoren hat Äskulap immer seinen Bart,
niemand ist starkbrüstiger als der grimmige Mars:
Wenn aber darunter für mich ein Platz übrig ist:
Kein Gott ist schwanzgewaltiger als Priap.

37

Warum auf der Votivtafel ein Glied
aufgemalt ist, von dem wir hervorgebracht werden, fragt ihr?
Als der Schwanz mir einmal verletzt worden war
und ich Unglücklicher die Hand des Chirurgen fürchtete –
denn ich scheute mich, den zuständigen und allzu großen Göttern
wie zum Beispiel Phöbus und dem Sohn des Phöbus
meinen Schwanz zur Heilung zu übergeben –,
sprach ich zu diesem: »Priap, bring Hilfe dem Teil,
als dessen Teil, Vater, du selbst erscheinst;
der, wenn er ohne Schneiden heil gemacht worden ist,
aufgemalt dir geweiht werden wird, dem Teil, dem

parti consimilisque concolorque.'
promisit fore mentulamque movit
pro nutu deus et rogata fecit.

XXXVIII

Simpliciter tibi me, quodcunque est, dicere oportet,
    natura est quoniam semper aperta mihi:
pedicare volo, tu vis decerpere poma;
    quod peto, si dederis, quod petis, accipies.

XXXIX

Forma Mercurius potest placere,
forma conspiciendus est Apollo,
formosus quoque pingitur Lyaeus,
formosissimus omnium est Cupido.
me pulcra fateor carere forma,
verum mentula luculenta nostra est:
hanc mavolt sibi quam deos priores
si qua est non fatui puella cunni.

XL

Nota Suburanas inter Telethusa puellas,
    quae, puta, de quaestu libera facta suo est,
cingit inaurata penem tibi, sancte, corona:
    hunc pathicae summi numinis instar habent.

du Linderung brachtest, sehr ähnlich und gleichfarbig.«
Er versprach, es werde geschehen, und es bewegte den Schwanz
der Gott, statt zu nicken, und tat das Erbetene.

38

Einfach dir zu sagen, was auch immer es ist, ist für mich angebracht,
weil meine Natur immer unbedeckt ist:
Arschficken will ich, du willst Früchte abpflücken;
gibst du mir, was ich begehre, wirst du bekommen, was du begehrst.

39

Durch seine schöne Gestalt kann Merkur gefallen,
durch seine schöne Gestalt ist Apollo sehenswert,
schön gestaltet wird auch Lyäus gemalt,
am schönsten von allen ist Cupido.
Dass ich keine schöne Gestalt habe, gebe ich zu,
aber mein Schwanz ist ansehnlich:
Ihn will für sich lieber als die höheren Götter
ein Mädchen, das keine törichte Fotze hat.

40

Telethusa, bekannt unter den Mädchen in der Subura,
die, glaube es, aufgrund ihres Gewerbes frei geworden ist,
umwindet dir, Heiliger, den Schwanz mit einem vergoldeten Kranz:
Ihn sehen die geilen Frauen als die höchste Gottheit an.

XLI

Quisquis venerit huc, poeta fiat
et versus mihi dedicet iocosos.
qui non fecerit, inter eruditos
ficosissimus ambulet poetas.

XLII

Laetus Aristagoras natis bene vilicus uvis
    de cera ficta dat tibi poma, deus.
at tu sacrati contentus imagine pomi
    fac veros fructus ille, Priape, ferat.

XLIII

Velle quid hanc dicas, quamvis sim ligneus, hastam,
    oscula dat medio si qua puella mihi?
augure non opus est: 'in me' mihi credite, dixit
    'utetur veris usibus hasta rudis.'

XLIV

Nolite omnia, quae loquor, putare
per lusum mihi per iocumque dici.
deprensos ego ter quaterque fures
omnis, non dubitetis, irrumabo.

41

Wer auch immer hierher kommt, möge ein Dichter werden
und mir witzige Verse weihen.
Wer es nicht tut, möge unter den gelehrten
Dichtern als Feigenwarzigster herumlaufen.

42

Froh über seine gut gewachsenen Trauben bringt Aristagoras
der Gutsverwalter Früchte aus geformtem Wachs dir dar, Gott.
Doch du, zufrieden mit dem Bild der geweihten Früchte,
mach, dass er echtes Obst bringt, Priap.

43

Was, magst du sagen, will sie, obwohl ich aus Holz bin, von dieser Lanze,
wenn irgendein Mädchen mir in meiner Mitte Küsse gibt?
Eines Sehers bedarf es da nicht: »In mir«, sagte sie – glaubt es mir! –,
»wird die rohe Lanze ihre wahre Praxis praktizieren.«

44

Glaubt nicht, dass alles, was ich spreche,
von mir im Scherz und zum Spaß gesagt wird.
Von mir ergriffene Diebe werde ich dreimal und viermal
alle – zweifelt nicht – in den Mund ficken.

XLV

Cum quendam rigidus deus videret
ferventi caput ustulare ferro,
ut Maurae similis foret puellae,
'heus' inquit 'tibi dicimus, cinaede,
uras te licet usque torqueasque,
num tandem prior es puella, quaeso,
quam sunt, mentula quos habet, capilli?'

XLVI

O non candidior puella Mauro,
sed morbosior omnibus cinaedis,
Pygmaeo brevior gruem timenti,
ursis asperior pilosiorque,
Medis laxior Indicisve bracis:
manes hinc licuit libenter ires;
nam quamvis videar satis paratus,
erucarum opus est decem maniplis,
fossas inguinis ut teram dolemque
cunni vermiculos scaturrientis.

XLVII

Quicunque vestrum, qui venitis ad cenam
libare nullus sustinet mihi versus,
illius uxor aut amica rivalem
lasciviendo languidum, precor, reddat
et ipse longa nocte dormiat solus
libidinosis incitatus erucis.

45

Als der steife Gott jemanden am Kopf
mit dem glühenden Eisen Locken brennen sah,
um einem maurischen Mädchen ähnlich zu sein,
sagte er: »He du, ich sage dir, Schwuchtel,
magst du dich denn immerfort brennen und kräuseln,
bist du etwa, bitteschön, am Ende mehr ein Mädchen,
als die Haare, die dein Schwanz hat, Kopfhaare sind?«

46

O Mädchen, nicht weißer als ein Maure,
aber kränker als alle Schwuchteln,
kleiner als ein Pygmäe, der sich vor einem Kranich fürchtet,
rauer und behaarter als Bären,
weiter als medische und indische Hosen:
Du hättest meinetwegen von hier zur Hölle fahren dürfen;
denn mag ich auch noch so bereitwillig erscheinen,
wären doch zehn Bündel Rauke notwendig,
dass ich den Graben deines Unterleibs reibe und bearbeite
die wimmelnden Würmer deiner Fotze.

47

Wer auch immer von euch, die ihr zum Mahl kommt,
es nicht auf sich nimmt, mir Verse zu weihen,
dessen Ehefrau oder Geliebte soll den Rivalen,
so bitte ich, durch Sexspiele schlapp machen,
und er selbst soll in der langen Nacht allein schlafen,
aufgereizt durch geile Rauken.

XLVIII

Quod partem madidam mei videtis
per quam significor Priapus esse,
non ros est, mihi crede, nec pruina,
sed quod sponte sua solet remitti,
cum mens est pathicae memor puellae.

XLIX

Tu, quicunque vides circa tectoria nostra
    non nimium casti carmina plena ioci,
versibus obscaenis offendi desine: non est
    mentula subducti nostra supercilii.

L

Quaedam, si placet hoc tibi, Priape,
fucosissima me puella ludit
et nec dat mihi nec negat daturam:
causas invenit usque differendi.
quae si contigerit fruenda nobis,
totam cum paribus, Priape, nodis
cingemus tibi mentulam coronis.

LI

Quid hoc negoti est quave suspicer causa
venire in hortum plurimos meum fures,
cum, quisquis in nos incidit, luat poenas

48

Wenn ihr auch den Teil an mir feucht seht,
durch den zu erkennen gegeben wird, dass ich Priap bin,
ist es kein Tau, glaube mir, und kein Reif,
sondern das, was von selbst abzugehen pflegt,
wenn der Sinn an ein geiles Mädchen denkt.

49

Du, der du ringsum auf meinen verputzten Mauern Gedichte
siehst, die von nicht gerade keuschem Witz voll sind,
hör auf, an den obszönen Versen Anstoß zu nehmen:
Mein Schwanz hat keine hochgezogenen Augenbrauen.

50

Ein Mädchen – ja, glaubst es, Priap! –,
total scheinheilig, treibt sein Spiel mit mir
und gibt es mir nicht, sagt aber auch nicht, sie werde es nicht geben:
Gründe findet sie dauernd dafür, es aufzuschieben.
Wenn mir aber glückt, sie zu genießen,
werde ich, Priap, zusammen mit deinen ⟨zwei⟩ gleichen Knoten
den Schwanz dir mit Kränzen umwinden.

51

Was ist das für eine Wirtschaft und aus welchem Grund soll ich argwöhnen,
dass in meinen Garten die meisten Diebe kommen,
wo doch jeder, wer auch immer an mich gerät, Strafe erleidet

et usque curvos excavetur ad lumbos?
non ficus hic est praeferenda vicinae
uvaeve, quales flava legis Arete,
non mala truncis adserenda Picenis
pirumve, tanto quod periculo captes,
magisve cera luteum nova prunum
sorbumve ventres lubricos moraturum.
praesigne rami nec mei ferunt morum
nucemve longam, quae vocatur et galba
amygdalumve flore purpureo fulgens.
non brassicarum ferre glorior caules
betasve, quantas hortus educet nullus,
crescensve semper in suom caput porrum.
nec seminosas ad cucurbitas quemquam
ad ocimumve cucumeresque humi fusos
venire credo sessilesve lactucas 19
acresque cepas aliumque furatum, 22
nec ut salaces nocte tollat erucas 20
mentamque olentem cum salubribus rutis. 21
quae cuncta quamvis nostro habemus in saepto, 23
non pauciora proximi ferunt horti.
quibus relictis in mihi laboratum
locum venitis, improbissimi fures:
nimirum apertam convolatis ad poenam,
hoc vos et ipsum, quod minamur, invitat.

LII

Heus tu, non bene qui manum rapacem
mandato mihi contines ab horto,
iam primum stator hic libidinosus
alternis et eundo et exeundo

und bis zu den gebogenen Lenden ausgehöhlt wird?
Nicht gibt es hier eine Feige, die der in der Nachbarschaft vorzuziehen ist,
oder Trauben, wie du, blonde Arete, sie gelesen hast,
nicht Äpfel, die von den picenischen Baumstämmen beansprucht würden,
oder die Birne, nach der du unter so großer Gefahr greifen würdest,
noch die Pflaume, die gelber ist als frisches Wachs,
noch die Speierlingsfrucht, die schlüpfrige Bauchinhalte aufhält.
Auch die besonders gute Maulbeere tragen meine Äste nicht
oder die längliche Nuss, die auch Bartnuss genannt wird,
oder die Mandel, glänzend in purpurroter Blüte.
Nicht rühme ich mich, Kohlstrünke zu tragen
oder rote Bete, wie sie so zahlreich kein Garten hervorbringt,
oder den immer hoch hinaus wachsenden Lauch.
Auch glaube ich nicht, dass jemand zu den samenreichen Kürbissen
oder zu dem Basilikum oder den am Boden kriechenden Gurken
kommt oder um den niedrig wachsenden Salat
und die scharfen Zwiebeln und den Knoblauch zu stehlen,
auch nicht, um in der Nacht die geilen Rauken wegzunehmen
und die duftende Minze zusammen mit den heilbringenden Rauten.
Obwohl ich das alles innerhalb meiner Umzäunung habe,
bringen die benachbarten Gärten nicht weniger hervor.
Das lasst ihr aus und kommt zu dem von mir
bestellten Ort, ihr höchst ruchlosen Diebe:
Kein Wunder, ihr eilt zu der offensichtlichen Strafe zusammen,
und gerade das, was ich androhe, lädt euch ein.

52

He du, der du deine raubgierige Hand kaum
von dem mir anvertrauten Garten fernhältst,
schon wird als Erstes dieser wollüstige Ständer hier
durch abwechselndes Hinein- und Herausfahren

porta te faciet patentiorem.
accedent duo, qui latus tuentur,
pulcre pensilibus peculiati;
qui cum te male foderint iacentem,
ad pratum veniet salax asellus
nilo deterius mutuniatus.
quare si sapiet, malum cavebit,
cum tantum sciet esse mentularum.

LIII

Contentus modico Bacchus solet esse racemo,
 cum capiant alti vix cita musta lacus,
magnaque fecundis cum messibus area desit,
 in Cereris crines una corona datur.
tu quoque, dive minor, maiorum exempla secutus,
 quamvis pauca damus, consule poma boni.

LIV

CD si scribas temonemque insuper addas,
 qui medium volt te scindere, pictus erit.

LV

Credere quis possit? falcem quoque – turpe fateri –
 de digitis fures subripuere meis.
nec movet amissi tam me iactura pudorque
 quam praebent iustos altera tela metus:

dich weiter offen als ein Tor machen.
Es werden zwei hinzutreten, welche die Seite bewachen,
hübsch mit Gehängen ausgestattet!
Wenn die dich, während du daliegst, übel durchbohrt haben,
wird zur Wiese ein geiler Esel kommen,
um nichts schlechter beschwanzt.
Daher wird er, wenn er Verstand hat, sich vor dem Übel hüten,
wo er doch weiß, dass so viel an Schwänzen da ist.

53

Zufrieden mit einer kleinen Traube pflegt Bacchus zu sein,
obwohl die hohen Kufen kaum die schnelle Bewegung des Mosts fassen,
und obwohl die große Tenne für dir ergiebigen Ernten nicht ausreicht,
wird für das Haar der Ceres ein einziger Kranz gegeben.
Auch du, kleinere Gottheit, folge dem Beispiel der größeren
und nimm, auch wenn wir nur wenige geben, mit den Früchten vorlieb.

54

Wenn du CD schreibst und eine Stange oben darauf hinzufügst,
wird der, der dich in der Mitte spalten will, gemalt sein.

55

Wer könnte es glauben? Auch meine Sichel – schändlich zu gestehen! –
haben Diebe heimlich aus meinen Fingern geraubt.
Mich bewegt aber nicht so sehr die Einbuße des Verlorenen und die Scham,
wie, dass meine andere Waffe mir berechtigte Ängste verschafft:

quae si perdidero, patria mutabor, et olim
ille tuos civis, Lampsace, Gallus ero.

LVI

Derides quoque, fur, et impudicum
ostendis digitum mihi minanti?
heu heu me miserum — quid ista lignum est
quae me terribilem facit videri?
mandabo domino tamen salaci,
ut pro me velit irrumare fures.

LVII

Cornix et caries vetusque bustum,
turba putida facta saeculorum,
quae forsan potuisset esse nutrix
Tithoni Priamique Nestorisque,
illis ni pueris anus fuisset,
ne desim sibi, me rogat, fututor.
quid si nunc roget, ut puella fiat?
si nummos tamen haec habet, puella est.

LVIII

Quicunque nostram fur fefellerit curam,
effeminato verminet procul culo;
quaeque hic proterva carpserit manu poma
puella, nullum reperiat fututorem.

Wenn ich um die komme, werde ich aus der Heimat auswandern und, einst dein berühmter Bürger, Lampsakos, ein Gallus sein.

56

Du spottest auch, Dieb, und zeigst mir,
der ich dir drohe, den unanständigen Finger?
Wehe, wehe, ich Armer – warum ist der da aus Holz,
der mich fürchterlich aussehen lässt?
Doch ich werde dem geilen Herrn auftragen,
dass er an meiner Stelle Diebe in den Mund zu ficken willens sei.

57

Eine Krähe und Fäulnis und ein altes Grab,
durch die Menge der Jahrhunderte modrig geworden,
sie, die vielleicht hätte sein können die Amme
des Tithonus, Priamus und Nestor,
wenn sie nicht, als die noch Knaben waren, eine alte Frau gewesen wäre,
bittet mich, dass ich sie als Ficker nicht im Stich lasse.
Was, wenn sie jetzt darum bittet, mein ›Mädchen‹ zu werden?
Doch wenn sie Geld hat, ist sie ›Mädchen‹.

58

Welcher Dieb auch immer meine Aufmerksamkeit täuscht,
möge fern von einem weibischen Arsch Juckreiz haben,
und das Mädchen, das hier mit frecher Hand Obst pflückt,
möge keinen Ficker finden.

LIX

Praedictum tibi ne negare possis:
si fur veneris, inpudicus ibis.

LX

Si quot habes versus, tot haberes poma, Priape,
esses antiquo ditior Alcinoo.

LXI

Quid frustra quereris, colone, mecum,
quod quondam bene fructuosa malus
autumnis sterilis duobus adstem?
non me praegravat, ut putas, senectus,
nec sum grandine verberata dura,
nec gemmas modo germine exeuntes
seri frigoris ustulavit aura,
nec venti pluviaeve siccitasve,
quod de se quererer, malum dederunt;
non sturnus mihi gracculusve raptor
aut cornix anus aut aquosus anser
aut corvos nocuit siticulosus,
sed quot carmina pessimi poetae
ramis sustineo laboriosis.

59

Damit du nicht leugnen kannst, es sei dir vorhergesagt worden:
Wenn du als Dieb kommst, gehst du als Geschändeter fort.

60

Wenn du so viele Früchte hättest, wie du Verse hast, Priap,
wärest du reicher als der alte Alkinous.

61

Was beklagst du dich, Bauer, vergeblich bei mir,
weil ich, einst ein prächtig fruchtbarer Apfelbaum,
im zweiten Herbst ohne Frucht dastehe?
Nicht belastet mich, wie du glaubst, das Greisenalter,
auch bin ich nicht vom harten Hagel gepeitscht worden,
noch hat die gerade aus dem Keim hervorkommenden Knospen
der Hauch später Kälte versengt,
auch haben nicht Winde oder Regen oder Trockenheit,
weil ich mich über sie beklagt hätte, das Übel gebracht;
nicht haben mir der Star oder die räuberische Dohle
oder die alte Krähe oder die wasserliebende Gans
oder der durstige Rabe geschadet,
sondern die vielen Gedichte des schlechtesten Dichters,
die ich auf meinen vielduldenden Ästen aushalten muss.

LXII

Securi dormite, canes: custodiet hortum
cum sibi dilecta Sirius Erigone.

LXIII

Parum est mihi quod fixi ⟨in hanc semel⟩ sedem,
agente terra per caniculam rimas
siticulosam sustinemus aestatem;
parum, quod hiemis perfluont sinus imbres
et in capillos grandines cadunt nostros
rigetque dura barba vincta crystallo;
parum, quod acta sub laboribus luce
parem diebus pervigil traho noctem?
huc adde, quod me numen horridum fuste
manus sine arte rusticae dolaverunt,
interque cunctos ultimum deos nomen
cucurbitarum ligneus vocor custos.
accedit istis impudentiae signum,
libidinoso tenta pyramis nervo.
ad hanc puella – paene nomen adieci –
solet venire cum suo fututore,
quae post figuras, quot Philaenis enarrat,
novis repertis pruriosa discedat.

LXIV

Quidam mollior anseris medulla
furatum venit huc amore poenae:
furetur licet usque, non videbo.

62

Schlaft sorglos, Hunde: Bewachen wird den Garten
Sirius mit der von ihm geliebten Erigone.

63

Ist es zu wenig für mich, dass ich, einmal befestigt an dieser Stelle,
während die Erde zur Zeit des Hundssterns Spalten treibt,
trockene Sommerhitze aushalten muss,
zu wenig, dass Winterregen meinen Gewandbausch durchströmen
und auf mein Haar Hagelschauer niederstürzen
und der Bart starrt, durch hartes Eis gefesselt,
zu wenig, dass nach einem unter Mühen verbrachten Tag
ich wachend Nächte, die den Tagen gleich sind, in die Länge ziehe?
Nimm hinzu, dass mich, eine mit dem Knüppel schreckliche Gottheit,
bäuerliche Hände kunstlos geschnitzt haben
und ich unter allen Göttern mit dem niedrigsten Namen
hölzerner Wächter der Kürbisse genannt werde.
Zu alldem hinzu kommt das Zeichen der Schamlosigkeit,
die durch den wollüstigen Steifen aufgespannte Pyramide.
Zu ihr pflegt ein Mädchen – beinahe hätte ich den Namen hinzugefügt –
mit ihrem Ficker zu kommen,
das, nachdem es nach all den Stellungen, die Philainis erklärt,
neue entdeckt hat, doch noch geil davongeht.

64

Einer, weicher als das Knochenmark einer Gans,
kommt zum Stehlen hierher aus Liebe zu der Strafe:
Mag er denn immerfort stehlen, ich werde es nicht sehen.

LXV

Hic tibi qui rostro crescentia lilia mersit,
caeditur e tepida victima porcus hara.
ne tamen exta meum facias pecus omne, Priape,
horti sit, facias, ianua clausa tui.

LXVI

Tu quae ne videas notam virilem
hinc averteris, ut decet pudicam:
nimirum tibi quod times videri
intra viscera abire concupiscis.

LXVII

Penelopes primam Didus fac prima sequatur
et primam Caci syllaba prima Remi,
quodque fit ex illis, tu mi deprensus in horto,
fur, dabis: hac poena culpa luenda tua est.

LXVIII

Rusticus indocte si quid dixisse videbor,
da veniam: libros non lego, poma lego.
sed rudis hic dominum totiens audire legentem
cogor Homereas edidicique notas.
ille vocat, quod nos psolen, ψολόεντα κεραυνόν,
et quod nos culum, κουλεόν ille vocat.

65

Dieses Schwein, das dir mit dem Rüssel die sprießenden Lilien eingrub,
wird als Opfer aus dem warmen Stall geschlachtet.
Damit du nicht mein ganzes Vieh zu Innereien machst, Priap,
sollst du machen, dass deine Gartentür verschlossen ist.

66

Du, die du, um nicht das Merkmal des Mannes sehen zu müssen,
dich von hier abwendest, wie es sich für eine Sittsame schickt:
Kein Wunder, du begehrst, dass das, was, wie du befürchtest, von dir
gesehen wird, in deinem Inneren verschwindet.

67

Mach, dass auf Penelopes erste Silbe Didos erste folgt
und auf die erste von Cacus die erste von Remus,
und was daraus wird, wirst du mir, im Garten erwischt,
Dieb, geben: Durch diese Strafe ist deine Schuld zu büßen.

68

Falls es scheinen wird, als hätte ich als Bauer etwas ungelehrt gesagt,
gewähre Verzeihung: Nicht Bücher lese ich, ich lese Früchte.
Doch ich, der Ungebildete, werde so oft gezwungen, hier den Herrn lesen
zu hören, und habe homerische Wörter auswendig gelernt.
Er nennt, was wir *psole* [entblößte Eichel] nennen, *psolóenta keraunón*
[gleißenden Blitzstrahl],
und was wir *culus* [Arsch] nennen, nennt er *kouleón* [Schwertscheide].

μερδαλέον κοναβεῖ si res non munda vocatur,
    et pediconum mentula merdalea est.
quod nisi Taenario placuisset Troica cunno
    mentula, quod caneret, non habuisset opus.
mentula Tantalidae bene si non tenta fuisset,
    nil, senior Chryses quod quereretur, erat.
haec eadem socium tenera spoliavit amica,
    quaeque erat Aeacidae, maluit esse suam.
ille Pelethroniam cecinit miserabile carmen
    ad citharam, cithara tensior ipse sua.
nobilis hinc nata nempe incipit Ilias ira
    principiumque sacri carminis illa fuit.
altera materia est error fallentis Ulixei:
    si verum quaeras, hunc quoque movit amor.
hic legitur radix, de qua flos aureus exit,
    quam cum μῶλυ vocat, mentula μῶλυ fuit.
hic legimus Circen Atlantiademque Calypson
    grandia Dulichii vasa petisse viri.
huius et Alcinoi mirata est filia membrum
    frondenti ramo vix potuisse tegi.
ad vetulam tamen ille suam properabat, et omnis
    mens erat in cunno, Penelopea, tuo:
quae sic casta manes, ut iam convivia visas
    utque fututorum sit tua plena domus.
e quibus ut scires quis pene valentior esset,
    haec es ad arrectos verba locuta procos:
'nemo meo melius nervom tendebat Ulixe,
    sive illi laterum sive erat artis opus.
qui quoniam periit, vos nunc intendite, qualem
    esse viri sciero, vir sit ut ille meus.'
hac ego, Penelope, potui tibi lege placere,
    illo sed nondum tempore factus eram.

Wenn mit *merdaléon konabeî* [er erdröhnt gewaltig] etwas Unsauberes gemeint ist,
dann ist *pediconum mentula* [der Schwanz der Arschficker] *merdalea* [voll Scheiße].
Wenn nun der tänarischen Fotze nicht der troïsche Schwanz gefallen hätte,
hätte er keinen Stoff gehabt, den er hätte besingen können.
Wenn der Schwanz des Tantaliden nicht prächtig steif gewesen wäre,
hätte es nichts gegeben, was der greise Chryses hätte beklagen können.
Eben dieser beraubte den Gefährten seiner zarten Geliebten
und wollte lieber, dass die, welche dem Äakiden gehörte, die seine sei.
Der sang zur pelethronischen Kithara ein klagendes
Lied, er selbst noch stärker gespannt als seine Kithara.
Mit dem hieraus entstandenen Zorn beginnt ja die berühmte *Ilias*,
und der Anfang des heiligen Liedes war er.
Der andere Stoff ist die Irrfahrt des Betrügers Odysseus:
Wenn du nach der Wahrheit fragst: Auch ihn trieb die Liebe.
Hier liest man von der Wurzel, aus der eine goldene Blume hervorgeht;
als er die *môly* nannte, war *môly* der Schwanz.
Hier lesen wir, dass Kirke und die Atlas-Tochter Kalypso
das große Gemächte des dulichischen Mannes begehrten.
Auch die Tochter des Alkinous staunte darüber, dass sein Glied
kaum mit einem belaubten Zweig bedeckt werden konnte.
Dennoch eilte er zu seiner Alten, und sein ganzer
Sinn lag in deiner Fotze, Penelope.
Du bleibst so keusch, dass du schon Gelage aufsuchst
und dass dein Haus voll von Fickern ist.
Um zu erfahren, wer von ihnen mit seinem Schwanz der Stärkste sei,
hast du diese Worte zu den steif aufgerichteten Freiern gesprochen:
»Niemand spannte seine Sehne besser als mein Odysseus,
sei es, dass er dazu seiner Lenden oder seiner Kunst bedurfte.
Weil er zugrunde ging, spannt ihr nun eine, deren Beschaffenheit
mich wissen lässt, dass sie einem Mann gehört, damit der mein Mann sei.«
Nach diesen Regeln, Penelope, hätte ich dir gefallen können,
aber in jener Zeit war ich noch nicht gemacht.

LXIX

Cum fici tibi suavitas subibit
et iam porrigere huc manum libebit,
ad me respice, fur, et aestimato,
quot pondo est tibi mentulam cacandum.

LXX

Libavit mihi pauper inquilinus:
cum libum dederat molaque fusa,
quarum partibus additis in ignem,
sacro protinus hinc abit peracto.
vicini canis huc subinde venit
nidorem, puto, persecuta fumi,
quae libamine mentulae comeso
tota nocte mihi litat piando.
at vos amplius hoc loco cavete
quicquam ponere, ne famelicorum
ad me turba velit canum venire,
ne dum me colitis meumque numen,
custodes habeatis irrumatos.

LXXI

Si commissa meae carpes pomaria curae,
dulcia qui doleam perdere, doctus eris.

69

Wenn dir der süße Geschmack der Feige in den Sinn kommt
und du schon Lust hast, danach deine Hand auszustrecken,
schau auf mich, Dieb, und überlege,
wie viel Pfund Schwanz von Dir gekackt werden muss.

70

Es opferte mir ein armer zur Miete Wohnender.
Als er den Kuchen dargebracht und den Opferschrot ausgeschüttet hatte,
von dem er einen Teil dem Feuer übergeben hatte,
ging er nach Vollbringung des Opfers sofort von hier weg.
Die Hündin des Nachbarn kam gleich darauf hierher,
dem Geruch des Rauches, glaube ich, nachgegangen,
die, nachdem sie das Opfer für meinen Schwanz aufgefressen hat,
die ganze Nacht mir opfert durch Sühnung.
Doch ihr hütet euch, weiterhin an diesen Ort
etwas zu legen, damit nicht der hungrigen
Hunde Schar zu mir kommen will,
damit ihr nicht, während ihr mich und meine Gottheit verehrt,
in das Maul gefickte Wächter habt.

71

Wenn du die meiner Achtsamkeit anvertrauten Früchte pflückst,
wirst du unterrichtet sein, wie es mich schmerzt, Süßes zu verlieren.

LXXII

Tutelam pomari, diligens Priape, facito:
rubricato furibus minare mutinio.
Quod monear non est, quia, si furaberis ipse
grandia mala, tibi macra brachia dabo.

LXXIII

Obliquis quid me, pathicae, spectatis ocellis?
non stat in inguinibus mentula tenta meis.
quae tamen exanimis nunc est et inutile lignum,
utilis haec, aram si dederitis, erit.

LXXIV

Per medios ibit pueros mediasque puellas
mentula, barbatis non nisi summa petet.

LXXV

Dodone tibi, Iuppiter, sacrata est,
Iunoni Samos et Mycena ditis,
undae Taenaros aequorumque regi;
Pallas Cecropias tuetur arces,
Delphos Pythius, orbis umbilicum,
Creten Delia Cynthiosque colles,
Faunus Maenalon Arcadumque silvas;
tutela Rhodos est beata Solis,
Gades Herculis umidumque Tibur;

72

»Den Schutz des Obstgartens, sorgfältiger Priap, führe durch:
Mit deinem rot gefärbten Schwanz drohe den Dieben.«
Es gibt keinen Grund, dass ich ermahnt werde, da, wenn du selbst große
Äpfel stiehlst, ich dir magere Arme / lange Kürzen geben werde.

73

Was seht ihr mich, geile Frauen, mit schrägen Augen an?
Nicht steht an meinem Unterleib steif der Schwanz.
Er, der freilich jetzt leblos ist und nutzloses Holz,
der wird, wenn ihr ihm einen Altar gebt, nützlich sein.

74

Mitten durch die Knaben gehen und mitten durch die Mädchen wird
mein Schwanz, bei Bärtigen aber nur das Höchste begehren.

75

Dodona ist dir, Jupiter, geweiht,
der Juno Samos und das reiche Mykene,
Tänarus dem König der Woge und der Meere;
Pallas beschützt die kekropische Festung,
Pythius Delphi, den Nabel der Welt,
Delia Kreta und die Höhen des Kynthos,
Faunus den Mänalus und die Wälder der Arkader,
durch den Schutz Sols ist Rhodos gesegnet,
Gades und das feuchte Tibur durch den des Herkules;

Cyllene celeri deo nivosa,
tardo gratior aestuosa Lemnos;
Hennaeae Cererem nurus frequentant,
raptam Cyzicos ostreosa divam,
formosam Venerem Gnidos Paphosque.

LXXVI

Quod sim iam senior meumque canis
cum barba caput albicet capillis:
deprensos ego perforare possum
Tithonum Priamumque Nestoremque.

LXXVII

Immanem stomachum mihi movetis
qui densam facitis subinde saepem
et fures prohibetis huc adire.
hoc est laedere, dum iuvatis; hoc est
non admittere ad aucupem volucres.
obstructa est via, nec licet iacenti
iactura natis expiare culpam.
ergo qui prius usque et usque et usque
furum scindere podices solebam,
per noctes aliquot diesque cesso.
poenas do quoque, quot satis superque est,
in semenque abeo salaxque quondam
nunc vitam perago – quis hoc putaret? –
ut clusus citharoedus abstinentem.
at vos, ne peream situ senili,
quaeso, desinite esse diligentes
neve imponite fibulam Priapo.

das schneereiche Kyllene ist dem schnellen Gott,
dem langsamen das heiße Lemnos lieber;
Hennas Schwiegertöchter feiern Ceres,
die geraubte Göttin das austernreiche Kyzikos,
die schöne Venus Knidos und Paphos.

76

Wenn ich auch schon ziemlich alt bin und von weißen
Haaren zusammen mit dem Bart mein Haupt schimmert:
Durchbohren kann ich, wenn ich sie erwischt habe,
Tithonus, Priamus und Nestor.

77

Riesigen Ärger erregt ihr mir,
die ihr die Hecke immer wieder dicht macht
und Diebe daran hindert, hierher zu kommen.
Das bedeutet schaden, während ihr nützt; das bedeutet
zum Vogelfänger nicht zulassen die Geflügelten.
Verbaut ist der Weg, man darf nicht im Liegen
durch das Opfern des Arsches die Schuld sühnen.
Also muss ich, der ich früher wieder und wieder und wieder
die After von Dieben zu spalten pflegte,
einige Nächte und Tage hindurch aussetzen.
Bestraft werde auch ich so vielfach, wie es genug und übergenug ist,
mir fließt der Samen heraus, und ich, einst geil,
verbringe jetzt mein Leben – wer hätte das gedacht? –
enthaltsam wie ein zugesperrter Kitharöde.
Doch ihr, hört, damit ich nicht durch greisenhaftes Dahinwelken
zugrunde gehe, bitte auf, wachsam zu sein,
und legt Priap keine Fibel an.

LXXVIII

At di deaeque dentibus tuis escam
negent, amicae cunnilinge vicinae,
per quem puella fortis ante nec mendax
et quae solebat impigro celer passu
ad nos venire, nunc misella landicae
vix posse iurat ambulare prae fossis.

LXXIX

Priape, quod sis fascino gravis tento,
quod exprobravit hunc tibi suo versu
poeta noster, erubescere hoc noli:
non es poeta sarcinosior nostro.

LXXX

At non longa bene est, at non bene mentula crassa
 et quam si tractes, crescere posse putes?
me miserum, cupidas fallit mensura puellas:
 non habet haec aliud mentula maius eo?
utilior Tydeus, qui, si quid credis Homero,
 ingenio pugnax, corpore parvos erat.
sed potuit damno nobis novitasque pudorque
 esse: repellendum saepius ista mihi.
dum vivis sperare licet: tu, rustice custos,
 huc ades et nervis, tente Priape, fave.

78

Doch Götter und Göttinnen mögen deinen Zähnen Speise
verweigern, du Fotzenlecker meiner Geliebten nebenan,
durch den das Mädchen, kräftig zuvor und nicht lügenhaft
und eine, die mit unverdrossenem Schritt rasch zu mir
zu kommen pflegte, jetzt, wie sie unglücklich schwört,
vor Furchen in ihrem Kitzler kaum laufen kann.

79

Priap, darüber, dass du schwer trägst an deinem steifen Schwanz,
dass ihn in seinen Versen dir zum Vorwurf gemacht hat
unser Dichter, erröte nicht:
Du bist nicht schwerer beladen als unser Dichter.

80

Doch ist er nicht ganz schön lang, doch ist er nicht ganz schön dick, mein Schwanz,
und einer, von dem du glauben kannst, er könnte wachsen, wenn du ihn bearbeitest?
Ich Armer, die Maße täuschen die geilen Mädchen:
Hat dieser Schwanz nichts anderes, das größer ist als das?
Tydeus war durchaus nützlich, der, wenn du Homer irgend glaubst,
vom Charakter her kampfkräftig, doch körperlich klein war.
Aber es hätten mir die Unerfahrenheit und die Schüchternheit Schaden
bringen können: Die muss ich öfter fernhalten.
Solange man lebt, darf man hoffen: Du ländlicher Wächter,
komm hierher und erweise, steifer Priap, meinem Schwanz deine Gunst.

PRIAPVS IN ALIIS ALIORVM AVCTORVM CARMINIBVS

PRIAP IN DICHTUNGEN ANDERER AUTOREN

ΕΚ ΤΩΝ ΤΗΣ ΑΝΘΟΛΟΓΙΑΣ ΕΛΛΗΝΙΚΗΣ ΒΙΒΛΙΩΝ Ε, ς, Θ, Ι, ΙΑ, Ις

Ε. Ἐπιγράμματα ἐρωτικὰ διαφόρων ποιητῶν

200. ΑΔΗΛΟΝ

Ὁ κρόκος οἵ τε μύροισιν ἔτι πνείοντες Ἀλεξοῦς
    σὺν μίτραις κισσοῦ κυάνεοι στέφανοι
τῷ γλυκερῷ καὶ θῆλυ κατιλλώπτοντι Πριήπῳ
    κεῖνται τῆς ἱερῆς ξείνια παννυχίδος.

ς. Ἐπιγράμματα ἀναθηματικά

21

Σκάπτειραν κήποιο φιλυδρήλοιο δίκελλαν
    καὶ δρεπάνην καυλῶν ἀγκύλον ἐκτομίδα
τήν τ' ἐπινωτίδιον βροχετῶν ῥακόεσσαν ἀρωγὸν
    καὶ τὰς ἀρρήκτους ἐμβάδας ὠμοβοεῖς
τόν τε δι' εὐτρήτοιο πέδου δύνοντα κατ' ἰθὺ
    ἀρτιφυοῦς κράμβης πάσσαλον ἐμβολέα
καὶ σκάφος ἐξ ὀχετῶν πρασιὴν διψεῦσαν ἐγείρειν
    αὐχμηροῖο θέρευς οὔ ποτε παυσάμενον,
σοὶ τῷ κηπουρῷ Ποτάμων ἀνέθηκε, Πρίηπε,
    κτησάμενος ταύτης ὄλβον ἀπ' ἐργασίης.

22. ΖΩΝΑ

Ἀρτιχανῆ ῥοιάν τε καὶ ἀρτίχνουν τόδε μῆλον
    καὶ ῥυτιδόφλοιον σῦκον ἐπομφάλιον
πορφύρεόν τε βότρυν μεθυπίδακα, πυκνόρρωγα
    καὶ κάρυον χλωρῆς ἀρτίδορον λεπίδος

AUS: GRIECHISCHE ANTHOLOGIE, BÜCHER 5, 6, 9, 10, 11, 16

5. Erotische Epigramme verschiedener Dichter

200. ⟨Autorschaft⟩ unbekannt

Die Safranblüten und die noch von den Salbölen der Alexo duftenden
dunklen Efeukränze mit den Haarbinden
sind für den süßen und weiblich-lüstern blickenden Priap
niedergelegt als Weihgeschenke der heiligen nächtlichen Feier.

6. Weihepigramme

21

Die Gräberin des gerne bewässerten Gartens, die Hacke,
und die Sichel, krumme Schnitterin der Pflanzenstängel,
und den lumpigen, über dem Rücken liegenden Helfer gegen Regen
und die unzerreißbaren Schuhe aus rohem Rindsfell
und das durch leicht zu durchbohrenden Grund geradewegs eindringende
Setzholz, das frisch gewachsenen Kohl hineinsteckt,
und die Schaufel, die mit Kanälen das dürstende Beet wiederzubeleben
während des trockenen Sommers nie aufhörte,
hat dir, Priap, dem Gartenwächter, Potamon geweiht,
weil er mit dieser Arbeit Wohlstand erwarb.

22. Von Zonas

Einen sich eben öffnenden Granatapfel und diese Quitte mit frischem
und eine runzelhäutige Feige mit einem Nabelchen darauf [Flaum
und eine purpurne, weinquellende Traube mit dicken Weinbeeren
und eine frisch aus der grünen Schale herausgeschälte Walnuss

ἀγροιώτῃ τῷδε μονοστόρθυγγι Πριήπῳ
θῆκεν ὁ καρποφύλαξ, δενδριακὴν θυσίην.

33. ΜΑΙΚΙΟΥ

Αἰγιαλῖτα Πρίηπε, σαγηνευτῆρες ἔθηκαν
δῶρα παρακταίης σοὶ τάδ' ἐπωφελίης,
θύννων εὐκλώστοιο λίνου βυσσώμασι ῥόμβον
φράξαντες γλαυκαῖς ἐν παρόδοις πελάγευς·
φηγίνεον κρητῆρα καὶ αὐτούργητον ἐρείκης
βάθρον ἰδ' ὑαλέην οἰνοδόκον κύλικα,
ὡς ἂν ὑπ' ὀρχησμῶν λελυγισμένον ἔγκοπον ἴχνος
ἀμπαύσῃς ξηρὴν δίψαν ἐλαυνόμενος.

89. ΜΑΙΚΙΟΥ ΚΟΙΝΤΟΥ

Ἀκταίης νησῖδος ἁλιξάντοισι, Πρίηπε,
χοιράσι καὶ τρηχεῖ τερπόμενε σκοπέλῳ
σοὶ Πάρις ὀστρακόδερμον ὑπ' εὐθήροισι δαμέντα
ὁ γριπεὺς καλάμοις κάραβον ἐκρέμασεν,
σάρκα μὲν ἔμπυρον αὐτὸς ὑφ' ἡμίβρωτον ὀδόντα
θείς, μάκαρ, αὐτὸ δὲ σοὶ τοῦτο πόρε σκύβαλον.
τῷ σὺ δίδου μὴ πολλά, δι' εὐάγρου δὲ λίνοιο,
δαῖμον, ὑλακτούσης νηδύος ἡσυχίην.

102. ΦΙΛΙΠΠΟΥ

Ῥοιὴν ξανθοχίτωνα γεραιόφλοιά τε σῦκα
καὶ ῥοδέας σταφυλῆς ὠμὸν ἀποσπάδιον
μῆλόν θ' ἡδύπνουν λεπτῇ πεποκωμένον ἄχνῃ
καὶ κάρυον χλωρῶν ἐκφανὲς ἐκ λεπίδων
καὶ σίκυον χλοάοντα, τὸν ἐν φύλλοις πεδοκοίτην,
καὶ πέρκην ἤδη χρυσοχίτων' ἐλάην

hat diesem ländlichen, aus einem einzigen Block geschnitzten Priap
der Fruchtwächter dargebracht als ein vom Baum genommenes Opfer.

33. Von Maecius

Strandbewohner Priap, Netzfischer brachten
diese Gaben dir für deine Hilfe nahe dem Ufer dar, als sie
mit den Netzen aus wohlgeflochtenem Garn dem Gewirbel der Thunfische
den Weg versperrten auf den bläulichen Wegen des Meeres:
einen eichenen Mischkrug, den aus Heidebaumholz selbstgeschnitzten
Sitz und den gläsernen weinaufnehmenden Becher,
auf dass du die vom Drehen im Tanze müden Füße
zur Ruhe bringst, den trockenen Durst vertreibend.

89. Von Maecius Quintus

Dir, der du dich, Priap, an des ufernahen Inselchens
vom Meer ausgehöhlten Felsen und rauen Klippen erfreust,
hat Paris der Fischer eine von dem bei der Jagd erfolgreichen
Rohr bezwungene hartschalige Languste aufgehängt, und
nachdem er selbst das geröstete Fleisch unter den halb abgewetzten Zahn
gelegt hatte, Seliger, dir nur dieses Überbleibsel dargebracht.
Deshalb gib du nicht viel, aber durch ein beim Fang erfolgreiches Netz,
Gottheit, Ruhe für den bellenden Magen.

102. Von Philipp

Einen Granatapfel mit gelbem Kleid und Feigen mit runzliger Haut
und ein von einer rosigen Traube abgerissenes frisches Stück
und eine lieblich duftende Quitte, umgeben von feinem Flaum,
und eine aus der grünen Schale hervorleuchtende Walnuss
und eine grüngelbe Gurke, die, welche zwischen Blättern auf der Erde liegt,
und eine schon dunkle Olive mit goldenem Kleid

σοί, φιλοδαῖτα Πρίηπε, φυτοσκάφος ἄνθετο Δάμων,
δένδρεσι καὶ γυίοις εὐξάμενος θαλέθειν.

192. ΑΡΧΙΟΥ

Ταῦτα σαγηναίοιο λίνου δηναιὰ Πριήπῳ
λείψανα καὶ κύρτους Φιντύλος ἐκρέμασεν
καὶ γαμψὸν χαίτῃσιν ἐφ' ἱππείῃσι πεδηθὲν
ἄγκιστρον, κρυφίην εἰναλίοισι πάγην,
καὶ δόνακα τριτάνυστον ἀβάπτιστόν τε καθ' ὕδωρ
φελλὸν ἀεί κρυφίων σῆμα λαχόντα βόλων·
οὐ γὰρ ἔτι στείβει ποσὶ χοιράδας οὐδ' ἐπιαύει
ἠϊόσιν, μογερῷ γήραϊ τειρόμενος.

193. [ΦΛΑΚΚΟΥ]

Πρίηπ' αἰγιαλῖτα, φυκόγειτον,
Δαμοίτας ἁλιεύς, ὁ βυσσομέ?τρης,
τὸ πέτρης ἁλιπλῆγος ἐκμαγεῖον,
ἡ βδέλλα σπιλάδων, ὁ ποντοθήρης,
σοὶ τὰ δίκτυα τἀμφίβληστρα ταῦτα,
δαῖμον, εἵσατο· τοῦ σὺ θάλπε γῆρας.

232. ΚΡΙΝΑΓΟΡΟΥ

Βότρυες οἰνοπέπαντοι ἐυσχίστοιό τε ῥοιῆς
θρύμματα καὶ ξανθοὶ μυελοὶ ἐκ στροβίλων
καὶ δειναὶ δάκνεσθαι ἀμυγδάλαι ἥ τε μελισσῶν
ἀμβροσίη πυκναί τ' ἰτρίνεαι ποπάδες
καὶ πότιμοι γέλγιθες ἰδ' ὑελοειδέες ὄγχναι,
δαψιλῆ οἰνοπόταις γαστρὸς ἐπεισόδια·
Πανὶ φιλοσκίπωνι καὶ εὐστόρθυγγι Πριάπῳ
ἀντίθεται λιτὴν δαῖτα Φιλοξενίδης.

hat dir, Priap, Freund des Mahls, der Pflanzen umgrabende Damon geweiht,
für seine Bäume und seine Glieder darum flehend, dass sie blühen.

192. Von Archias

Diese langlebigen Reste eines Schleppnetzes und
die Fischreusen hat Phintylos dem Priap aufgehängt
und den krummen, an Rosshaar festgebundenen
Angelhaken, die versteckte Falle für Meeresbewohner,
und die sehr lange Angelrute und den im Wasser unsinkbaren
Korken, der stets zum Anzeigen des verborgenen Fangnetzes bestimmt ist.
Denn nicht mehr betritt er mit den Füßen die Klippen und schläft nicht
am Ufer, weil er vom beschwerlichen Alter aufgerieben wird. [mehr

193. [Von Flaccus]

Strandbewohner Priap, dem Seetang Benachbarter,
Fischer Damoitas, der Tiefenmesser,
der Abdruck auf dem meergepeitschten Felsen,
der Blutegel der Klippen, der Meerjäger,
hat dir dieses gewaltige Fangnetz,
Gottheit, niedergelegt. Wärme du sein Alter.

232. Von Krinagoras

Trauben, reif für die Kelter, und von einem leicht zu spaltenden
Stücke und das gelbe Mark von Pinienzapfen [Granatapfel
und Mandeln, bereit, gebissen zu werden, und der Bienen
Ambrosia und viele mit Sesam und Honig gemachte Kuchen
und wohlschmeckende Knoblauchzehen und wie Glas aussehende Birnen
den Weintrinkern reichliche Nasch-Zukost für den Magen
weiht dem stabliebenden Pan und Priap mit dem prächtigen Stock
als geringes Mahl Philoxenides.

254. ΜΥΡΙΝΟΥ

Τὴν μαλακὴν Παφίης, Στατύλλιον ἀνδρόγυνον, δρῦν
ἕλκειν εἰς Ἀίδην ἡνίκ᾽ ἔμελλε χρόνος,
τὰκ κόκκου βαφθέντα καὶ ὑσγίνοιο θέριστρα
καὶ τοὺς ναρδολιπεῖς ἀλλοτρίους πλοκάμους
φαικάδα τ᾽ εὐτάρσοισιν ἐπ᾽ ἀστραγάλοισι γελῶσαν
καὶ τὴν γρυτοδόκην κοιτίδα παμβακίδων
αὐλούς θ᾽ ἡδὺ πνέοντας ἑταιρείοις ἐνὶ κώμοις
δῶρα Πριηπείων θῆκεν ἐπὶ προθύρων.

292. ΗΔΥΛΟΥ

Αἱ μίτραι τό θ᾽ ἁλουργὲς ὑπένδυμα τοί τε Λάκωνες
πέπλοι καὶ ληρῶν οἱ χρύσεοι κάλαμοι,
πάνθ᾽ ἅμα Νικονόη † σὺν ἔκπιε † ἦν γὰρ Ἐρώτων
καὶ Χαρίτων ἡ παῖς ἀμβρόσιόν τι θάλος.
τοιγὰρ τῷ κρίναντι τὰ καλλιστεῖα Πριάπῳ
νεβρίδα καὶ χρυσέην τήνδ᾽ ἔθετο προχόην.

Η. Ἐπιγράμματα ἐπιδεικτικά

338. ΘΕΟΚΡΙΤΟΥ ΣΥΡΑΚΟΥΣΙΟΥ

Εὕδεις φυλλοστρῶτι πέδῳ, Δάφνι, σῶμα κεκμακὸς
ἀμπαύων· στάλικες δ᾽ ἀρτιπαγεῖς ἀν᾽ ὄρη.
ἀγρεύει δέ τυ Πὰν καὶ ὁ τὸν κροκόεντα Πρίηπος
κισσὸν ἐφ᾽ ἱμερτῷ κρατὶ καθαπτόμενος
ἄντρον ἔσω στείχοντες ὁμόρροθοι. ἀλλὰ τὺ φεῦγε,
φεῦγε, μεθεὶς ὕπνου κῶμα † καταγρόμενον.

254. Von Myrinos

Als den weichlichen Eichenstamm Paphias, das Mannweib Statyllios
in den Hades zu schleppen die Zeit drauf und dran war,
hat er seine mit Scharlach und Purpur gefärbten Sommerkleider
und die mit Nardenöl gesalbten fremden Haare
und die weißen Schuhe, die an den Knöcheln der schönen Füße lachten,
und das Tand aufnehmende Kistchen mit den Seidenkleidern,
und die bei den Hetärenumzügen mit süß blasenden Flöten
als Gaben im Tempelvorhof Priaps geweiht.

292. Von Hedylos

Die Brustbänder, die purpurne Unterwäsche, die lakonischen
Kleider und die goldenen Ornamente der Gewänder,
alles zusammen … Nikonoë. Denn das Mädchen war
ein ambrosischer Spross der Eroten und Chariten.
Also hat sie Priap, dem Richter beim Schönheitswettbewerb,
ein Hirschkalbfell und diesen goldenen Krug dargebracht.

9. Epideiktische Epigramme

338. Von Theokrit dem Syrakusaner

Du schläfst auf blätterbestreutem Boden, Daphnis, deinen müden Leib
ausruhend. Deine Stellhölzer sind frisch auf den Bergen befestigt.
Es stellt dir aber Pan nach und Priap, der sich den safrangelben
Efeu auf das liebliche Haupt setzt,
und gemeinsam kommen sie in die Höhle. Du aber flieh,
flieh, und lass ab von dem betäubenden Schlaf …

437. ΤΟΥ ΑΥΤΟΥ

Τήναν τὰν λαύραν, τόθι ταὶ δρύες, αἰπόλε, κάμψας
    σύκινον εὑρήσεις ἀρτιγλυφὲς ξόανον,
ἀσκελές, αὐτόφλοιον, ἀνούατον, ἀλλὰ φάλητι
    παιδογόνῳ δυνατὸν Κύπριδος ἔργα τελεῖν.
σάκος δ' εὐίερος περιδέδρομεν· ἀέναον δὲ
    ῥεῖθρον ἀπὸ σπιλάδων πάντοσε τηλεθάει
δάφναις καὶ μύρτοισι καὶ εὐώδει κυπαρίσσῳ,
    ἔνθα πέριξ κέχυται βοτρυόπαις ἕλικι
ἄμπελος· εἰαρινοὶ δὲ λιγυφθόγγοισιν ἀοιδαῖς
    κόσσυφοι ἀχεῦσιν ποικιλότραυλα μέλη·
ξουθαὶ δ' ἀδονίδες μινυρίσμασιν ἀνταχεῦσι
    μέλπουσαι στόμασιν τὰν μελίγαρυν ὄπα.
ἕζεο δὴ τηνεὶ καὶ τῷ χαρίεντι Πριάπῳ
    εὔχε' ἀποστέρξαι τοὺς Δάφνιδός με πόθους,
κεὐθὺς ἐπιρρέξειν χίμαρον καλόν· ἢν δ' ἀνανεύσῃ,
    τοῦδε τυχὼν ἐθέλω τρισσὰ θύη τελέσαι·
ῥέξω γὰρ δαμάλαν, λάσιον τράγον, ἄρνα τὸν ἴσχω
    σακίταν· ἀίοι δ' εὐμενέως ὁ θεός.

I. Ἐπιγράμματα προτρεπτικά

1. ΛΕΩΝΙΔΟΥ

Ὁ πλόος ὡραῖος· καὶ γὰρ λαλαγεῦσα χελιδὼν
    ἤδη μέμβλωκεν χὠ χαρίεις Ζέφυρος·
λειμῶνες δ' ἀνθεῦσι, σεσίγηκεν δὲ θάλασσα
    κύμασι καὶ τρηχεῖ πνεύματι βρασσομένη.
ἀγκύρας ἀνέλοιο καὶ ἐκλύσαιο γύαια,
    ναυτίλε, καὶ πλώοις πᾶσαν ἐφεὶς ὀθόνην.
ταῦθ' ὁ Πρίηπος ἐγὼν ἐπιτέλλομαι, ὁ λιμενίτης,
    ὤνθρωφ', ὡς πλώοις πᾶσαν ἐπ' ἐμπορίην.

437. Von demselben

Wenn du in den Pfad dort, wo die Eichen stehen, Ziegenhirt, einbiegst,
wirst du ein aus Feigenholz frischgeschnitztes Götterbild finden,
das beinlos, noch mit Rinde, ohrlos, aber fähig ist, mit dem
kinderzeugenden Phallus die Werke der Kypris zu vollbringen.
Ein sehr heiliger Bezirk läuft ringsherum. Und ein ständig
von den Felsen fließender Bach strotzt überall
von Lorbeer und Myrte und wohlriechender Zypresse;
da ergießt sich ringsum in Windungen ein Trauben hervorbringender
Weinstock; im Frühling lassen in hellstimmigen Liedern
Amseln ihre buntzwitschernden Weisen ertönen
und tremolierende Nachtigallen lassen durch ihr Trillern,
singend mit den Kehlen, ihre honigklingende Stimme als Antwort ertönen.
Setz dich nun dorthin, und zum anmutigen Priap
flehe, dass ich aufhöre mit meinem Verlangen nach Daphnis
und sofort einen schönen Ziegenbock opfern werde. Wenn er es aber
will ich, wenn ich jenen errungen habe, drei Opfer vollbringen: [versagt,
Opfern werde ich nämlich eine junge Kuh, einen zottigen Bock, ein Lamm,
ich noch im Stall halte. Möge es aber wohlwollend hören der Gott! [das

10. Ermahnende Epigramme

1. Von Leonidas

Die Jahreszeit für die Seefahrt ist da! Denn sowohl die zwitschernde
ist schon gekommen als auch der liebliche Zephyr. [Schwalbe
Die Wiesen blühen, zur Ruhe gekommen ist das Meer,
das mit den Wogen und im rauen Wind brausende.
Die Anker mögest du lichten und lösen die Hecktaue,
Seemann, und fahren, nachdem du jedes Segel gesetzt hast.
Dies gebiete ich, Priap, der Hafenbeschützer,
o Mensch, damit du fährst zu jeder Art von Handelsgeschäft.

2. ΑΝΤΙΠΑΤΡΟΥ ΣΙΔΩΝΙΟΥ

Ἀκμαῖος ῥοθίῃ νηὶ δρόμος, οὐδὲ θάλασσα
  πορφύρει τρομερῇ φρικὶ χαρασσομένη·
ἤδη δὲ πλάσσει μὲν ὑπώροφα γυρὰ χελιδὼν
  οἰκία, λειμώνων δ' ἁβρὰ γελᾷ πέταλα.
τοὔνεκα μηρύσασθε διάβροχα πείσματα, ναῦται,
  ἕλκετε δ' ἀγκύρας φωλάδας ἐκ λιμένων·
λαίφεα δ' εὐυφέα προτονίζετε. ταῦθ' ὁ Πρίηπος
  ὔμμιν ἐνορμίτας παῖς ἐνέπω Βρομίου.

4. ΜΑΡΚΟΥ ΑΡΓΕΝΤΑΡΙΟΥ

Λῦσον ἀπ' εὐόρμων δολιχὰ πρυμνήσια νηῶν,
  εὔτροχα δ' ἐκπετάσας λαίφεα ποντοπόρει,
ἔμπορε· χειμῶνες γὰρ ἀπέδραμον, ἄρτι δὲ κῦμα
  γλαυκὸν θηλύνει πρηΰγελως Ζέφυρος·
ἤδη καὶ φιλότεκνος ὑπὸ τραυλοῖσι χελιδὼν
  χείλεσι καρφίτην πηλοδομεῖ θάλαμον·
ἄνθεα δ' ἀντέλλουσι κατὰ χθόνα· τῷ σὺ Πριήπῳ
  πειθόμενος πάσης ἅπτεο ναυτιλίης.

5. ΘΥΙΛΛΟΥ

Ἤδη πηλοδομεῦσι χελιδόνες, ἤδη ἀν' οἶδμα
  κολποῦται μαλακὰς εἰς ὀθόνας Ζέφυρος·
ἤδη καὶ λειμῶνες ὑπὲρ πετάλων ἐχέαντο
  ἄνθεα, καὶ τρηχὺς σῖγα μέμυκε πόρος.
σχοίνους μηρύεσθε, ἐφ' ὁλκάδα φορτίζεσθε
  ἀγκύρας, καὶ πᾶν λαῖφος ἔφεσθε κάλοις.
ταῦτ' ὔμμιν πλώουσιν ἐπ' ἐμπορίην ὁ Πρίηπος
  ὁ λιμενορμίτης ναυτιλίην γράφομαι.

2. Von Antipater dem Sidonier

An der Zeit ist für das rauschende Schiff die Fahrt, und das Meer
wallt nicht mehr auf, durch zitterndes Gekräusel aufgeraut.
Schon baut unter dem Dach die Schwalbe eine runde
Behausung, und auf den Wiesen lachen zarte Blätter.
Deshalb wickelt die nassen Taue auf, Seeleute,
und zieht die im Hafen verborgenen Anker heraus.
Hisst die schön gewebten Segel mit den Fallleinen. Dies befehle ich
euch, Priap, der am Hafen wohnende Sohn des Bromios.

4. Von Markos Argentarios

Löse die langen Taue von den wohlverankerten Schiffen,
breite die in schnelle Bewegung setzenden Segel aus und fahre übers Meer,
Kaufmann. Denn die Winterstürme sind davongeeilt, soeben glättet
der freundlich lächelnde Zephyr die bläuliche Woge.
Schon baut die Schwalbe, die ihre Jungen liebt, mit zwitschernden
Lippen aus Lehm und aus dürren Halmen ihre Behausung.
Blumen sprossen auf der Erde. Deshalb gehorche du
Priap und mach dich an jede Seefahrt.

5. Von Thyillos

Schon bauen aus Lehm ihr Haus die Schwalben, schon wölbt
auf der Woge der Zephyr sich selbst in die weichen Segel.
Schon haben die Wiesen über die Blätter Blumen
ausgegossen, und die raue Meerenge hat ihre Lippen zum Schweigen [geschlossen.
Zieht die Taue ein, ladet die Anker
auf den Kahn, und setzt jedes Segel mit den Rahentauen.
Dies lasse ich euch, die ihr fahrt, um Seehandel
zu betreiben, ich, Priap, der Hafenbeschützer, verkünden.

6. ΣΑΤΥΡΟΥ

Ἤδη μὲν Ζεφύροιο ποητόκου ὑγρὸν ἄημα
  ἠρέμα λειμῶνας πίτνει ἐπ᾽ ἀνθοκόμους·
Κεκροπίδες δ᾽ ἠχεῦσι· γαληναίη δὲ θάλασσα
  μειδιάει κρυερῶν ἄτρομος ἐξ ἀνέμων.
ἀλλ᾽ ἴτε θαρσαλέοι, πρυμνήσια λύετε, ναῦται,
  πίτνατε δὲ πτερύγων λεπταλέας στολίδας.
ὦ ἴτ᾽ ἐπ᾽ ἐμπορίην πίσυνοι χαρίεντι Πριήπῳ,
  ὦ ἴτε δὴ λιμένων δαίμονι πειθόμενοι.

7. ΑΡΧΙΟΥ

Τοῦδέ με κυμοπλῆγος ἐπὶ σκοπέλοιο Πρίηπον
  ναῦται Θρηϊκίου θέντο πόρου φύλακα,
πολλάκις οἷς ἤιξα ταχὺς καλέουσιν ἀρωγός,
  ξεῖνε, κατὰ πρύμνης ἡδὺν ἄγων Ζέφυρον.
τοὔνεκεν οὔτ᾽ ἄκνισον, ὅπερ θέμις, οὔτ᾽ ἐπιδευῆ
  εἴαρος ἀθρήσεις βωμὸν ἐμὸν στεφάνων,
ἀλλ᾽ αἰεὶ θυόεντα καὶ ἔμπυρον· οὐδ᾽ ἑκατόμβη
  τόσσον ὅσον τιμὴ δαίμοσιν ἁνδάνεται.

8. ΤΟΥ ΑΥΤΟΥ

Βαιὸς ἰδεῖν ὁ Πρίηπος ἐπαιγιαλίτιδα ναίω
  χηλήν, αἰθυίαις οὔποτ᾽ ἐναντίβιος
φοξός, ἄπους, οἷόν κεν ἐρημαίῃσιν ἐπ᾽ ἀκταῖς
  ξέσσειαν μογερῶν υἱέες ἰχθυβόλων.
ἀλλ᾽ ἤν τις γριπεύς με βοηθόον ἢ καλαμευτὴς
  φωνήσῃ, πνοιῆς ἵεμαι ὀξύτερος.
λεύσσω καὶ τὰ θέοντα καθ᾽ ὕδατος· ἦ γὰρ ἀπ᾽ ἔργων
  δαίμονες, οὐ μορφᾶς γνωστὸν ἔχουσι τύπον.

6. Von Satyros

Schon sinkt des gräsergebärenden Zephyrs feuchtes Wehen
sanft auf die blumentragenden Wiesen.
Die Kekrops-Töchter zwitschern. Das windstille Meer
lächelt, nicht mehr aufgewühlt von den eiskalten Stürmen.
Auf, zieht mutig dahin, löst die Taue, Seeleute,
breitet aus die feinen Falten der Flügel.
O zieht dahin zum Handelsgeschäft im Vertrauen auf den lieblichen Priap,
O zieht nun dahin, dem Gott der Häfen gehorchend.

7. Von Archias

Auf dieser wogengepeitschten Klippe haben mich, Priap,
die Seeleute zum Wächter der thrakischen Meerenge aufgestellt,
zu denen ich oftmals schnell als Helfer eilte, wenn sie riefen,
Gastfreund, aufs Heck herab den lieblichen Zephyr bringend.
Deswegen wirst du weder ohne Fettdampf, wie es recht ist, noch
der Frühlingskränze meinen Altar sehen, [ermangelnd
sondern stets duftend und brennend: Denn keine Hekatombe
gefällt den Göttern so sehr wie Ehrung.

8. Von demselben

Klein anzusehen bewohne ich, Priap, am Strand
die Mole, den Tauchervögeln niemals feindlich,
zugespitzt, fußlos, wie an einsamen Steilküsten
schnitzen würden die Söhne elender Fischer.
Aber wenn irgendein Fischer oder Angler mich als Helfer
ruft, eile ich schneller als der Wind herbei.
Ich sehe auch, was über das Wasser läuft. Wahrhaftig nämlich haben
Götter einen an ihren Taten, nicht an ihrer Gestalt erkennbaren Charakter.

9. ΑΔΗΛΟΝ

Τὸν βραχύν, ἰχθυβολῆες, ὑπὸ σχίνῳ με Πρίηπον
στειλάμενοι κώπαις τὰν ὀλίγαν ἄκατον –
δίκτυα δ' ἁπλώσασθε, πολὺν γ' ἁλινηχέα βῶκα
καὶ σκάρον, οὐ θρίσσης νόσφιν ἀρυσσάμενοι –,
γλαυκὸν ἐνιδρυνθέντα νάπῃ, σημάντορα θήρης
τίετ' ἀπ' οὐκ ὀλίγων βαιὸν ἀπαρχόμενοι.

14. ΑΓΑΘΙΟΥ ΣΧΟΛΑΣΤΙΚΟΥ

Εὔδια μὲν πόντος πορφύρεται· οὐ γὰρ ἀήτης
κύματα λευκαίνει φρικὶ χαρασσόμενα·
οὐκέτι δὲ σπιλάδεσσι περικλασθεῖσα θάλασσα
ἔμπαλιν ἀντωπὸς πρὸς βάθος εἰσάγεται.
οἱ Ζέφυροι πνείουσιν, ἐπιτρύζει δὲ χελιδὼν
κάρφεσι κολλητὸν πηξαμένη θάλαμον.
θάρσει, ναυτιλίης ἐμπείραμε, κἂν παρὰ Σύρτιν,
κἂν παρὰ Σικελικὴν ποντοπορῇς κροκάλην·
μοῦνον ἐνορμίταο παραὶ βωμοῖσι Πριήπου
ἢ σκάρον ἢ βῶκας φλέξον ἐρευθομένους.

15. ΠΑΥΛΟΥ ΣΙΛΕΝΤΙΑΡΙΟΥ

Ἤδη μὲν Ζεφύροισι μεμυκότα κόλπον ἀνοίγει
εἴαρος εὐλείμων θελξινόοιο χάρις·
ἄρτι δὲ δουρατέοισιν ἐπωλίσθησε κυλίνδροις
ὁλκὰς ἀπ' ἠιόνων ἐς βυθὸν ἑλκομένη.
λαίφεα κυρτώσαντες ἀταρβέες ἔξιτε, ναῦται,
πρηῢν ἀμοιβαίης φόρτον ἐς ἐμπορίης.
πιστὸς νηυσὶ Πρίηπος, ἐπεὶ Θέτιν εὔχομαι εἶναι
ἡμετέρου πατρὸς ξεινοδόκον Βρομίου.

9. ⟨Autorschaft⟩ unbekannt

Mich, den kleinen Priap unter dem Mastixbaum, ihr Fischer, ehrt,
wenn ihr mit den Rudern den winzigen Kahn angehalten habt –
auf, breitet die Netze aus, da ihr ja viele meerdurchschwimmende Blöker
und Papageifische nicht ohne Heringe aus dem Wasser gezogen habt –,
mich, den helläugigen, im Waldtal aufgestellten Anzeiger des Fangs,
indem ihr von nicht Wenigem ein klein bisschen als Erstlingsopfer darbringt.

14. Von Agathias Scholastikos

Heiter glänzt purpurn das Meer. Denn nicht lässt der Wind
die durch Gekräusel aufgerauten Wogen weiß werden.
Nicht mehr bricht sich das Meer an den Klippen
und wird wiederum in Gegenrichtung in die Tiefe hineingezogen.
Die Zephyre wehen, es zwitschert dazu die Schwalbe,
während sie ihre mit Halmen zusammengeklebte Behausung baut.
Habe Mut, in der Seefahrt Erfahrener, ob du entlang der Syrte,
ob du am Ufer Siziliens entlang auf dem Meer fährst.
Nur verbrenne an den Altären des am Hafen wohnenden Priap
entweder einen Papageifisch oder rote Blöker.

15. Von Paulos Silentiarios

Schon öffnet den Zephyrn ihren verschlossenen Gewandbausch
die wiesenreiche Anmut des sinnbetörenden Frühlings.
Gerade ist auf hölzernen Rollen der Schleppkahn
dahingeglitten, vom Ufer zur Meerestiefe geschleppt.
Lasst sich blähen die Segel und zieht furchtlos dahin, Seemänner,
zum friedlichen Laden der Handelsware im Austausch.
Treu den Schiffen bin ich, Priap, da ich mich rühme, dass Thetis
Gastfreundin meines Vaters Bromios ist.

16. ΘΕΑΙΤΗΤΟΥ ΣΧΟΛΑΣΤΙΚΟΥ

Ἤδη καλλιπέτηλον ἐπ' εὐκάρποισι λοχείαις
λήιον ἐκ ῥοδέων ἀνθοφορεῖ καλύκων·
ἤδη ἐπ' ἀκρεμόνεσσιν ἰσοζυγέων κυπαρίσσων
μουσομανὴς τέττιξ θέλγει ἀμαλλοδέτην·
καὶ φιλόπαις ὑπὸ γεῖσα δόμους τεύξασα χελιδὼν
ἔκγονα πηλοχύτοις ξεινοδοκεῖ θαλάμοις.
ὑπνώει δὲ θάλασσα, φιλοζεφύροιο γαλήνης
νηοφόροις νώτοις εὔδια πεπταμένης,
οὐκ ἐπὶ πρυμναίοισι καταιγίζουσα κορύμβοις,
οὐκ ἐπὶ ῥηγμίνων ἀφρὸν ἐρευγομένη.
ναυτίλε, ποντομέδοντι καὶ ὁρμοδοτῆρι Πριήπῳ
τευθίδος ἢ τρίγλης ἀνθεμόεσσαν ἴτυν,
ἢ σκάρον αὐδήεντα παραὶ βωμοῖσι πυρώσας
ἄτρομος Ἰονίου τέρμα θαλασσοπόρει.

17. ΑΝΤΙΦΙΛΟΥ

Ἀρχέλεω, λιμενῖτα, σὺ μέν, μάκαρ, ἠπίῳ αὔρῃ
πέμπε κατὰ σταθερῆς οἰχομένην ὀθόνην
ἄχρις ἐπὶ Τρίτωνα· σὺ δ' ἠόνος ἄκρα λελογχὼς
τὴν ἐπὶ Πυθείου ῥύεο ναυστολίην·
κεῖθεν δ', εἰ Φοίβῳ μεμελήμεθα πάντες ἀοιδοί,
πλεύσομαι εὐαεῖ θαρσαλέως Ζεφύρῳ.

ΙΑ. Ἐπιγράμματα συμποτικὰ καὶ σκωπτικά

224. ΑΝΤΙΠΑΤΡΟΥ

Ἑστηκὸς τὸ Κίμωνος ἰδὼν πέος εἶφ' ὁ Πρίηπος·
„Οἴμοι, ὑπὸ θνητοῦ λείπομαι ἀθάνατος."

16. Von Theaitetos Scholastikos

Schon bringt das schönblättrige Feld in seinem fruchtbaren
Kindbett aus den Knospen der Rosen Blüten hervor.
Schon bezaubert auf Astspitzen gleichförmiger Zypressen
die von den Musen verzückte Grille den Garbenbinder.
Und die Schwalbe, die ihre Jungen liebt, hat ihr Haus unterm Dach gebaut
und bewirtet ihre Brut in der aus Lehm geformten Behausung.
Es schläft das Meer, das, während die zephyrliebende Meeresstille
sich auf dem schiffetragenden Rücken heiter ausbreitet,
nicht auf die Heckspitze herabstürmt,
nicht auf die schroffen Meeresufer den Schaum ausspeit.
Seemann, wenn du für den Meerbeherrscher und Hafenspender Priap
ein blumiges Stück des Tintenfischs oder der Seebarbe
oder einen sprechenden Papageifisch beim Altar geröstet hast,
fahre furchtlos über die See bis zum Ende des Ionischen Meers.

17. Von Antiphilos

Des Archelaos Segel, Hafenwächter, geleite du, Glückseliger,
mit einer sanften Brise auf seiner Fahrt durch Meeresstille
bis zu Triton. Du, der du die Höhen des Ufers erlost hast,
beschirme die Seereise zum Pytheion.
Von dort werde ich, wenn wir, die Sänger, alle dem Phöbus am Herzen
liegen, mit gut wehendem Zephyr beherzt segeln.

11. Trink- und Spottepigramme

224. Von Antipater

Als er stehen sah den Schwanz Kimons, sagte Priap:
»Weh mir, hinter einem Sterblichen bleibe ich Unsterblicher zurück.«

Iς.

86. ΑΔΗΛΟΝ

Τοὐμπρασιῇ φύλακος μακρὰν ἀποτῆλε φύλαξαι.
τοῖος, ὁκοῖον ὁρᾷς, ὦ παρ' ἔμ' ἐρχόμενε,
σύκινος, οὐ ῥίνῃ πεπονημένος οὐδ' ἀπὸ μίλτου,
ἀλλ' ἀπὸ ποιμενικῆς αὐτομαθοῦς ξοΐδος.
ἀχρείως γέλασόν με, τὰ δ' Εὐκλείους πεφύλαξο
σίνεσθαι, μὴ καὶ σαρδάνιον γελάσῃς.

236. ΛΕΩΝΙΔΟΥ, οἱ δὲ ΠΕΡΙΤΟΥ

Αὐτοῦ ἐφ' αἱμασιαῖσι τὸν ἀγρυπνοῦντα Πρίηπον
ἔστησεν λαχάνων Δεινομένης φύλακα.
ἀλλ' ὡς ἐντέταμαι, φώρ, ἔμβλεπε. „Τοῦτο," δ' ἐρωτᾷς,
„τῶν ὀλίγων λαχάνων εἵνεκα;" τῶν ὀλίγων.

237. ΤΥΜΝΕΩ

Πάντα πριηπίζω, κἂν ᾖ Κρόνος· οὐ διακρίνω
οὐδένα φῶρ' οὕτω ταῖσδε παρὰ πρασιαῖς.
Ἔπρεπε μὴ λαχάνων ἕνεκεν τάδε καὶ κολοκυνθῶν,
φήσει τις, με λέγειν. ἔπρεπεν, ἀλλὰ λέγω.

238. ΛΟΥΚΙΑΝΟΥ

Εἰς τὸ κενόν με τέθεικε, νόμου χάριν, ὧδε Πρίηπον
Εὐστοχίδης ξηρῶν κληματίδων φύλακα·
καὶ περιβέβλημαι κρημνὸν βαθύν. ὃς δ' ἂν ἐπέλθῃ,
οὐδὲν ἔχει κλέψαι πλὴν ἐμὲ τὸν φύλακα.

16. Epigramme aus der Anthologie des Planudes

86. ⟨Autorschaft⟩ unbekannt

Vor dem Hüter im Garten sei weit fern auf der Hut.
So, wie du mich siehst, o du zu mir Kommender,
aus Feigenholz, nicht mit der Feile gemacht und nicht mit Rötel,
sondern mit dem Schnitzmesser eines Hirten, der es selbst erlernte.
Lach mich albern aus, aber das Gut des Eukles hüte dich
zu stehlen, damit du nicht schmerzverzerrt lachst.

236. Von Leonidas, andere von Peritas

Hier an die Mauer hat mich, den wachsamen Priap,
Deinomenes als Wächter des Gemüses gestellt.
Doch wie steif er mir steht, Dieb, schau an. »Das« fragst du,
»für das bisschen Gemüse?« – Ja, für das bisschen.

237. Von Tymnes

Jeden priapisiere ich, auch wenn es Kronos ist. So wenig unterscheide ich
zwischen Dieben in diesem Gemüsegarten.
Es gehöre sich nicht, dass ich dies wegen des Gemüses und der Kürbisse
sage, wird einer behaupten. Es gehört sich nicht, aber ich sage es.

238. Von Lukian

Vergeblich, nur um des Brauches willen, hat mich, Priap, hierher
Eustochides als Wächter von trockenem Gestrüpp gesetzt:
Und ich werde von hohen Abhängen umgeben. Wer herbeikommt,
hat nichts zu stehlen außer mir, dem Wächter.

239. ΑΠΟΛΛΩΝΙΔΟΥ

Ἄνθετ' Ἀναξαγόρης με, τὸν οὐκ ἐπὶ ποσσὶ Πρίηπον,
ἐν χθονὶ δ' ἀμφοτέρῳ γούνατι κεκλιμένον.
τεῦξε δὲ Φυλόμαχος. Χαρίτων δέ μοι ἄγχι καλιὴν
ἀθρήσας δίζευ μηκέτι, πῶς ἔπεσον.

240. ΦΙΛΙΠΠΟΥ

Ὡραίας γ' ἐσορῶ τὰς ἰσχάδας· εἴ γε λαβεῖν μοι
συγχωρεῖς ὀλίγας; —„Θίγγανε μηδεμιᾶς." –
Ὀργίλος ὡς ὁ Πρίηπος. —„Ἐρῶ σέ τι, κοὐ κενὸς ἥξεις.
ναὶ λίτομαι, δός μοι· καὶ γὰρ ἐγὼ δέομαι." –
Χρῄζεις γάρ, λέγε μοι, παρ' ἐμοῦ τινος; –„Ἔστι νόμος που·
δός, λάβε." – Καὶ θεὸς ὢν ἀργυρίου σὺ γλίχῃ; –
„Ἄλλο τι χρῆμα φιλῶ." – Ποῖον τόδε; –„Τἀμὰ κατέσθων
σῦκα δὸς εὐθύμως ἰσχάδα σὴν ὀπίσω."

241. ΑΡΓΕΝΤΑΡΙΟΥ

Ὥριμος, οἶδα καὶ αὐτός, ὁδοιπόρε· μηκέτ' ἐπαίνει
ἰσχάδα μηδ' ἐσόρα τὸν πέλας ἀκρεμόνα·
καὶ λίην ὁ Πρίηπος ἐφίσταμαι ὀξὺ δεδορκὼς
καὶ φυλακὴν σύκων, ἣν ἐπέοικεν, ἔχω.
ἢν δὲ μόνον σὺ θίγῃς τῆς ἰσχάδος, ἰσχάδα δώσεις,
ὡς ἰσότης πάντων ἐστὶ δικαιοτάτη.

242. ΕΡΥΚΙΟΥ

Ὡς βαρὺ τοῦτο, Πρίηπε, καὶ εὖ τετυλωμένον ὅπλον
πᾶν ἀπὸ βουβώνων ἀθρόον ἐκκέχυκας
εἰς γάμον οὐκ ἀνέτοιμον· ἔχει δέ σε δίψα γυναικῶν,
ὠγαθέ, καὶ σπαργᾷς θυμὸν ἅπαντα πόθοις.

239. Von Apollonides

Geweiht hat Anaxagoras mich, den nicht auf den Füßen stehenden,
sondern mit beiden Knien auf die Erde niedergesunkenen Priap.
Hergestellt hat mich Philomachos. Hast du aber das mir nahe Heiligtum
betrachtet, forsche nicht mehr danach, warum ich fiel. [der Chariten

240. Von Philipp

Reif ja sehe ich die Feigen. Ob du mir wohl ein paar
zu nehmen gestattest? – »Rühr auch nicht *eine* an!«
Wie zornig Priap ist! – »Ich will dir etwas sagen, und du wirst nicht umsonst
Ja, ich bitte dich, gib mir … Denn auch ich brauche etwas.« – [da sein.
Wünschst du dir also, sag mir, von mir etwas? – »Es gibt ein Gesetz:
Gib und nimm!« Obwohl du ein Gott bist, gierst du nach Geld? –
»Etwas anderes liebe ich.« – Welcher Art ist das? – »Isst du meine
Feigen, gib mir bereitwillig deine Feige hinten.«

241. Von Argentarios

Ja, reif, das weiß ich auch selbst, Wanderer. Doch lobe nicht mehr
die Feige und blicke nicht auf den nahen Ast.
Und gewiss stehe ich, Priap, dabei, sehe scharf
und halte über die Feigen Wache, die sich gebührt.
Wenn du aber die Feige nur berührst, wirst du deine Feige geben,
da Gleichheit bei allem die gerechteste ist.

242. Von Erucius

Welch eine wuchtige und gut gehärtete Waffe, Priap,
streckst du da in geballter Form von deinem Unterleib empor,
die zu einem Fick nicht unbereit ist! Es erfasst dich Durst nach Frauen,
mein Guter, und anschwellen lässt du deinen ganzen Sinn von Gelüsten.

ἀλλὰ καταπρήυνε τὸν ἐξῳδηκότα φαλλὸν
    τόνδε καὶ ἀνθηρῇ κρύψον ὑπὸ χλαμύδι·
οὐ γὰρ ἐρημαῖον ναίεις ὄρος, ἀλλὰ παρ' Ἕλλης
    ᾐόνα τὴν ἱερὴν Λάμψακον ἀμφιπολεῖς.

243. ΑΝΤΙΣΤΙΟΥ

Ἀγροφύλαξ ἕστηκα πολυκτεάνοις ἐν ἀρούραις
    Φρίκωνος καλύβην καὶ φυτὰ ῥυόμενος,
τοῦτο λέγων πρὸς ἕκαστον· Ἐπὴν γελάσῃς ἐσιδών με
    τοῦ σκεύους, χώρει τὴν κατὰ σαυτὸν ὁδόν.
ἢν δὲ παρεκβήῃς ἐς ἃ μὴ θέμις, οὔτι σ' ὀνήσει
    ἡ λάχνη· τρυπᾶν πάντας ἐπιστάμεθα.

260

Ἢν λαχάνων σ' ὁ Πρίηπος ἴδω σχεδὸν ἴχνια θέντα,
    αὐτῇ γυμνώσω, φώρ, σὲ ποτὶ πρασιῇ.
αἰσχρὸν ἔχειν τοῦτ' ἔργον ἐρεῖς θεόν· οἶδα καὶ αὐτὸς
    αἰσχρόν· ἀφιδρύνθην δ' ἴσθ' ὅτι τοῦδε χάριν.

261. ΛΕΩΝΙΔΟΥ

Ἀμφοτέραις παρ' ὁδοῖσι φύλαξ ἕστηκα Πρίηπος
    ἰθυτενὲς μηρῶν ὀρθιάσας ῥόπαλον.
εἵσατο γὰρ πιστόν με Θεόκριτος· ἀλλ' ἀποτηλοῦ,
    φώρ, ἴθι, μὴ κλαύσῃς τὴν φλέβα δεξάμενος.

Doch besänftige den strotzend geschwellten Phallos
da und verbirg ihn unter deinem blütentragenden Gewand!
Denn du bewohnst nicht einen einsamen Berg, sondern bei Helles
Strand hütest du das heilige Lampsakos.

243. Von Antistios

Als Flurwächter stehe ich auf dem mit viel Besitz gesegneten Land
Phrikons und schütze sein Haus und seine Gewächse,
wobei ich dies zu jedermann sage: Wenn du mich ansiehst und über
mein Gerät gelacht hast, zieh deines Weges.
Wenn du aber zu dem übertrittst, was nicht erlaubt ist, wird dir auch
dein Bartflaum nichts nützen: Ich weiß alle zu durchbohren.

260

Wenn ich, Priap, dich in die Nähe des Gemüses deine Füße setzen sehe,
werde ich dich nackt ausziehen, Dieb, direkt bei dem Beet.
Du wirst sagen, ein schändliches Werk ist das für einen Gott. Ich weiß auch
dass es schändlich ist. Aber deswegen, wisse, wurde ich errichtet. [selbst,

261. Von Leonidas

Neben beiden Wegen stehe ich, Priap, als Wächter
und recke von den Schenkeln geradewegs meine Keule hoch.
Denn als einen Treuen hat Theokritos mich hergestellt. Doch weit fort
geh, Dieb, damit du nicht weinst, wenn du meinen Steifen empfängst.

INSCRIPTIONES GRAECAE

IG XII 3,421f. und 464 mit Suppl. 1333–1350, hier 1335c–d

Ἥκω Πρίαπος τῆιδε Θηραίων πόλει
ὁ Λαμψακηνός, πλοῦτον ἄφθιτον φέρων.

[Εὐγενέτη]ς πάρειμι καὶ παραστάτης
[πᾶσ]ιν πολίταις τοῖς τ᾿ ἐνοικοῦσιν ξένοις.

SEG 4, 1929, 10 Nr. 59

[Ῥούβριος Σάμιός]
μ᾿ ἀνέθη]κεν ἔνθα καὶ ἔν[θα βλέποντα,
ἀπέχεσ]θαι τοὺς ἀπ᾿ ἄστεω[ς κελεύων,
ἀπέχ]εσθαι τοὺς ἀπ᾿ Ἄκιδ[ος τοῦ
συλᾶν] αὐτῶ(ι) καρπόν, ὡς ὀρ[θὸν φαίνω
τὸ πέος] τοῦτο τὸ παχὺ τοῖς σ[υλῶσιν.
posuit] me Samius utroque in[tuentem
hunc en]ormem penem ut osten[derem.
Rubri · Sami · fil

EX C. VALERII CATVLLI CARMININIBVS

XVII

O Colonia, quae cupis ponte ludere longo
et salire paratum habes, sed vereris inepta
crura ponticuli axulis stantis in redivivis,
ne supinus eat cavaque in palude recumbat:

GRIECHISCHE INSCHRIFTEN

Ich, Priap, bin zu dieser Stadt der Theraier gekommen,
ich, der Lampsakener, unvergänglichen Reichtum bringend.

Als Wohltäter bin ich da und als Beistand
für alle Bürger und die hier wohnenden Fremden.

Rubrios aus Samos
hat mich aufgestellt, den hierhin und dorthin Schauenden,
abzuwehren die von der Stadt mir befehlend,
abzuwehren die von Akis davon,
zu stehlen für sich die Früchte, damit ich aufrecht zeige
diesen dicken Schwanz den Stehlenden.
Errichtet hat mich der Samier, den in beide Richtungen Schauenden,
damit ich diesen riesigen Schwanz zeige
Des Rubrius aus Samos Söhne

AUS: CATULL, GEDICHTE

17

O Städtchen, das du auf der langen Brücke zu scherzen begehrst, und dich zu tanzen bereit hältst, aber die unbrauchbaren Streben des Brückleins fürchtest, das auf wiederverwendeten Bohlen steht, in deiner Angst, es könne nach hinten kippen und in den bauchigen Sumpf sinken.

sic tibi bonus ex tua pons libidine fiat,
in quo vel Salisubsali sacra suscipiantur,
munus hoc mihi maximi da, Colonia, risus.
quendam municipem meum de tuo volo ponte
ire praecipitem in lutum per caputque pedesque,
verum totius ut lacus putidaeque paludis
lividissima maximeque est profunda vorago.
insulsissimus est homo nec sapit pueri instar
bimuli tremula patris dormientis in ulna.
cui cum sit viridissimo nupta flore puella
et puella tenellulo delicatior haedo,
adservanda nigerrimis diligentius uvis,
ludere hanc sinit, ut lubet, nec pili facit uni
nec se sublevat ex sua parte, sed velut alnus
in fossa Liguri iacet suppernata securi,
tantundem omnia sentiens quam si nulla sit usquam;
talis iste meus stupor nil videt, nihil audit,
ipse qui sit, utrum sit an non sit, id quoque nescit.
nunc eum volo de tuo ponte mittere pronum,
si pote stolidum repente excitare veternum
et supinum animum in gravi derelinquere caeno,
ferream ut soleam tenaci in voragine mula.

Fragmentum I

Hunc lucum tibi dedico consecroque, Priape,
qua domus tua Lampsaci est quaque ⟨silva⟩, Priape.
nam te praecipue in suis urbibus colit ora
Hellespontia, ceteris ostriosior oris.

So wahr du eine gute Brücke ganz nach deinen Wünschen bekommen
auf der sogar der rituelle Tanz der Salier stattfinden kann: [mögest,
Dieses Geschenk, das größtes Gelächter erregt, gib mir, Städtchen.
Ich will, dass ein gewisser Landsmann von mir von deiner Brücke
vornüber fällt in den Schlamm und einsinkt von Kopf bis Fuß,
und zwar dort, wo des ganzen Sees und des stinkenden Sumpfes
finsterster und tiefster Strudel ist.
Er ist ein Mensch ohne jeden Humor und hat weniger Verstand als ein
von zwei Jahren, der im wiegenden Arme des Vaters schläft. [Junge
Obwohl er zur Frau ein Mädchen im blühendsten Alter hat,
und zwar ein Mädchen, das zierlicher noch ist als das zarteste Zicklein
und sorgfältiger gehütet werden muss als die schwärzesten Trauben,
lässt er sie scherzen, wie es ihr passt, schert sich überhaupt nicht darum
und erhebt sich nicht von seiner Seite des Bettes, nein, er liegt da
wie im Graben, gefällt von ligurischer Axt, eine Erle,
die von allem ebenso viel verspürt, als wäre sie gar nicht da.
So kann auch der Tölpel da, den ich meine, nichts hören, nichts sehen,
und wer er selbst ist, ob er lebt oder nicht, auch das weiß er nicht.
Jetzt will ich ihn von deiner Brücke kopfüber werfen, um zu sehen,
ob er fähig ist, seine stumpfe Lethargie auf einmal abzuschütteln
und den schlaffen Sinn im schweren Morast zurückzulassen
wie ein Maultier sein Hufeisen im zähen Sumpf.

Fragment 1

Diesen Hain widme und weihe ich dir, Priap,
in Lampsakos, wo dein Haus und wo dein Wald ist, Priap.
Denn dich vor allem verehrt in seinen Städten die hellespontische
Küste, die reicher an Austern ist als alle anderen Küsten.

Fragmentum II

– – – ⏑⏑ de meo ligurrire libido est.

EX M. FURII BIBACULI EPIGRAMMATIBVS

Fragmentum I

Si quis forte mei domum Catonis,
depictas minio assulas et illos
custodis videt hortulos Priapi,
miratur, quibus ille disciplinis
tantam sit sapientiam assecutus,
quem tres cauliculi, selibra farris,
racemi duo tegula sub una
ad summam prope nutriant senectam.

EX P. VERGILII MARONIS BUCOLICON LIBRO

VII

THYRSIS
Sinum lactis et haec te liba, Priape, quotannis
exspectare sat est: custos es pauperis horti.
nunc te marmoreum pro tempore fecimus; at tu,
si fetura gregem suppleverit, aureus esto.

Fragment 2

... von dem meinen zu naschen ist eine Lust ...

AUS: FURIUS BIBACULUS, EPIGRAMME

Fragment 1

Wenn jemand zufällig das Haus meines Cato,
die zinnoberrot angestrichene Bretterbude und jenes
Gärtchen des Wächters Priap sieht,
fragt er verwundert, durch welche Lehren jener
so große Weisheit erlangt hat,
dass ihn drei Kohlstengelchen, ein halbes Pfund Spelt
und zwei Trauben unter einem Dachziegel
fast bis ins höchste Alter ernähren.

AUS: VERGIL, HIRTENGEDICHTE

7

THYRSIS
Dass du eine Schale voll Milch und diese Fladen, Priap, jährlich
erwarten kannst, ist genug: Du bist Wächter eines armen Gartens.
Jetzt hab ich dich meinen Mitteln gemäß aus Marmor gemacht; doch *du*
sollst, wenn Nachkommenschaft meine Herde auffüllt, aus Gold sein.

EX Q. HORATII FLACCI SERMONVM LIBRO PRIMO

VIII

Olim truncus eram ficulnus, inutile lignum,
cum faber, incertus scamnum faceretne Priapum,
maluit esse deum. deus inde ego, furum aviumque
maxima formido; nam fures dextra coercet
obscenoque ruber porrectus ab inguine palus,
ast importunas volucres in vertice harundo
terret fixa vetatque novis considere in hortis.
huc prius angustis eiecta cadavera cellis
conservus vili portanda locabat in arca;
hoc miserae plebi stabat commune sepulcrum,
Pantolabo scurrae Nomentanoque nepoti
mille pedes in fronte, trecentos cippus in agrum
hic dabat, heredes monumentum ne sequeretur.
nunc licet Esquiliis habitare salubribus atque
aggere in aprico spatiari, quo modo tristes
albis informem spectabant ossibus agrum,
cum mihi non tantum furesque feraeque suetae
hunc vexare locum curae sunt atque labori,
quantum carminibus quae versant atque venenis
humanos animos: has nullo perdere possum
nec prohibere modo, simul ac vaga Luna decorum
protulit os, quin ossa legant herbasque nocentes.
vidi egomet nigra succinctam vadere palla
Canidiam pedibus nudis passoque capillo,

AUS: HORAZ, SATIREN, BUCH I

8

Einst war ich der Klotz eines Feigenbaums, unnützes Holz,
als ein Tischler, unsicher, ob er eine Fußbank oder einen Priap aus mir machen sollte,
lieber wollte, dass ich ein Gott würde. Ein Gott bin ich daher, für die Diebe und die Vögel
der größte Schrecken; denn die Diebe hält meine Rechte fern
und der rote Pfahl, der sich unanständig von meinem Unterleib hervorreckt,
die frechen Vögel aber schreckt das auf meinem Kopf befestigte Schilf
und verbietet ihnen, in dem neuen Park zu nisten.
Hierher ließen früher Sklaven die Leichen ihrer Mitsklaven, die man
aus den engen Zellen geworfen hatte, in billigen Kisten tragen;
hier stand der gemeinsame Friedhof für arme Leute,
für den Spaßvogel Pantolabus und den Verschwender Nomentanus
wies hier eine Säule eine Fläche mit einer Länge von tausend und einer Breite
von dreihundert Fuß zu und verfügte, dass das Grab nie an die Erben fallen dürfe.
Jetzt darf man auf einem gesunden Esquilin wohnen und
auf dem Wall in der Sonne spazieren gehen, von dem aus man vor kurzem
noch einen traurigen Ausblick auf einen von weißen Knochen entstellten Platz hatte,
wohingegen mir nicht so sehr die Diebe und die wilden Tiere,
die diesen Ort immer wieder heimsuchen, Sorge und Not bereiten
wie die Weiber, die mit magischen Sprüchen und Liebestränken
die Sinne der Menschen verhexen: Die kann ich auf keine Weise vernichten, und ich
kann nicht verhindern, dass sie, sobald die wandernde Luna ihr schönes
Antlitz zeigt, Knochen und schädliche Zauberkräuter sammeln.
Ich sah mit eigenen Augen Canidia einherschreiten, den schwarzen
Mantel hochgeschürzt, mit nackten Füßen und aufgelöstem Haar

cum Sagana maiore ululantem: pallor utrasque
fecerat horrendas aspectu. scalpere terram
unguibus et pullam divellere mordicus agnam
coeperunt; cruor in fossam confusus, ut inde
Manibus elicerent animas responsa daturas.
lanea et effigies erat altera cerea: maior
lanea, quae poenis compesceret inferiorem;
cerea suppliciter stabat, servilibus ut quae
iam peritura modis. Hecaten vocat altera, saevam
altera Tisiphonen. serpentes atque videres
infernas errare canes Lunamque rubentem,
ne foret his testis, post magna latere sepulcra.
mentior at si quid, merdis caput inquiner albis
corvorum atque in me veniat mictum atque cacatum
Iulius et fragilis Pediatia furque Voranus.
singula quid memorem, quo pacto alterna loquentes
umbrae cum Sagana resonarint triste et acutum
utque lupi barbam variae cum dente colubrae
abdiderint furtim terris et imagine cerea
largior arserit ignis et ut non testis inultus
horruerim voces Furiarum et facta duarum?
nam, displosa sonat quantum vesica, pepedi
diffissa nate ficus; at illae currere in urbem.
Canidiae dentes, altum Saganae caliendrum
excidere atque herbas atque incantata lacertis
vincula cum magno risuque iocoque videres.

und Schreie ausstoßen zusammen mit der älteren Sagana; Blässe
hatte beiden einen schauderhaften Anblick verliehen. Mit ihren Nägeln begannen sie
die Erde aufzukratzen und durch Bisse ein schwarzes Lamm
zu zerreißen; Blut ließen sie in die Grube fließen, um von dort den Totengeistern
ihre Seelen zu entlocken, die ihnen auf ihre Fragen Antworten geben sollten.
Da war ein Bild aus Wolle, ein anderes aus Wachs: Das größere,
wollene sollte wohl das kleinere durch Strafen unterdrücken;
das wächserne stand in flehender Haltung, als müsste es
gleich den Tod wie ein Sklave erleiden. Die eine ruft Hekate an,
die andere die grausame Tisiphone. Schlangen und Hunde
der Unterwelt hättest du sehen können, wie sie herumkrochen, und wie sich Luna,
um nicht Zeuge von so etwas zu sein, schamrot hinter großen Grabmälern verbarg.
Wenn ich aber auch nur irgendeine Lüge erzähle, soll mein Kopf mit weißer
Rabenscheiße besudelt werden, und Julius, die Tunte Pediatia und der
Dieb Voranus sollen kommen, um auf mich zu pissen und zu kacken.
Was soll ich noch Einzelheiten erzählen, auf welche Weise die Schatten
im Dialog mit Sagana traurig und schrill antworteten,
wie sie die Schnauze eines Wolfes zusammen mit dem Zahn einer
gefleckten Schlange heimlich in die Erde gruben, wie die Wachsfigur
das Feuer höher auflodern ließ und wie ich als nicht ungerächter Zeuge
der Worte und Taten der beiden Furien mein Entsetzen zum Ausdruck brachte?
Denn wie eine platzende Blase knallt, so furzte ich los und ließ meine
Arschbacken aus Feigenholz auseinander bersten; sie aber rannten in die Stadt.
Wie Canidias Zähne und Saganas hohe Perücke herabfielen
und von ihren Armen die Zauberkräuter und die verzauberten
Liebesknoten, das hättest du mit großem Gelächter und viel Spaß sehen können.

EX ALBI TIBULLI ELEGIARVM LIBRO PRIMO

IV

'Sic umbrosa tibi contingant tecta, Priape,
ne capiti soles, ne noceantque nives:
quae tua formosos cepit sollertia? certe
non tibi barba nitet, non tibi culta coma est,
nudus et hibernae producis frigora brumae,
nudus et aestivi tempora sicca Canis.'
sic ego. tunc Bacchi respondit rustica proles
armatus curva sic mihi falce deus:
'o fuge te tenerae puerorum credere turbae,
nam causam iusti semper amoris habent.
hic placet, angustis quod equum compescit habenis;
hic placidam niveo pectore pellit aquam;
hic, quia fortis adest audacia, cepit; at illi
virgineus teneras stat pudor ante genas.
sed ne te capiant, primo si forte negabit,
taedia: paulatim sub iuga colla dabit.
longa dies homini docuit parere leones,
longa dies molli saxa peredit aqua;
annus in apricis maturat collibus uvas,
annus agit certa lucida signa vice.
nec iurare time: Veneris periuria venti
irrita per terras et freta summa ferunt.
gratia magna Iovi: vetuit pater ipse valere,
iurasset cupide quidquid ineptus amor,
perque suas impune sinit Dictynna sagittas
affirmes crines perque Minerva suos.
at si tardus eris, errabis. transiet aetas

AUS: TIBULL, ELEGIEN, BUCH I

4

»So wahr dir ein schattiges Dach beschieden sein soll, Priap,
damit deinem Haupt nicht Sonnentage, nicht Schneefälle schaden
– welche Technik, die du beherrschst, hat dir schöne Knaben eingefangen?
Dir glänzt doch kein Bart, dein Haar ist nicht gepflegt,
nackt bringst du die Kälte der Winterzeit hin,
nackt die Dürrezeit des sommerlichen Hundssterns.«
So ich. Da antwortete mir des Bacchus bäuerlicher Spross,
der mit der krummen Sichel bewaffnete Gott, so:
»O meide es, dich der zarten Schar der Knaben anzuvertrauen;
denn einen Anlass zu berechtigter Liebe bieten sie stets.
Dieser gefällt, weil er mit straffem Zügel ein Pferd bändigt,
dieser drängt ruhiges Wasser fort mit schneeweißer Brust,
dieser hat dich eingefangen, weil da forsche Verwegenheit vorhanden ist;
doch dem steht jungfräuliche Scheu vorne auf den zarten Wangen.
Aber es soll dich nicht, wenn er vielleicht erst einmal nein sagt,
Verdruss ergreifen; nach und nach wird er seinen Nacken unter das Joch beugen.
Eine lange Zeitspanne lehrt Löwen, dem Menschen zu gehorchen;
eine lange Zeitspanne zernagt mit weichem Wasser Felsen;
ein Jahr lässt auf sonnigen Hügeln Trauben reif werden;
ein Jahr bewegt die leuchtenden Sternbilder in regelmäßigem Wechsel.
Scheue dich nicht zu schwören! Die Meineide der Liebe tragen
die Winde ungültig über die Länder und die Meeresflächen hinweg.
Großer Dank sei Jupiter: Es verbot der Vater selbst, dass gelte,
was auch immer törichte Liebe in heftigem Verlangen geschworen hat,
und Diktynna lässt zu, dass du bei ihren Pfeilen ungestraft
etwas beteuerst, und Minerva bei ihren Haaren.
Doch wenn du zu langsam bist, wirst du einen Fehler machen. Vergehen wird

quam cito: non segnis stat remeatque dies.
quam cito purpureos deperdit terra colores,
quam cito formosas populus alta comas;
quam iacet, infirmae venere ubi fata senectae,
qui prior Eleo est carcere missus equus.
vidi iam iuvenem, premeret cum serior aetas,
maerentem stultos praeteriisse dies.
crudeles divi! serpens novus exuit annos;
formae non ullam Fata dedere moram.
solis aeterna est Baccho Phoeboque iuventas,
nam decet intonsus crinis utrumque deum.
tu, puero quodcumque tuo temptare libebit,
cedas: obsequio plurima vincet amor.
neu comes ire neges, quamvis via longa paretur
et Canis arenti torreat arva siti,
quamvis praetexens picta ferrugine caelum
venturam admittat imbrifer arcus aquam.
vel si caeruleas puppi volet ire per undas,
ipse levem remo per freta pelle ratem.
nec te paeniteat duros subiisse labores
aut opera insuetas atteruisse manus,
nec, velit insidiis altas si claudere valles,
dum placeas, umeri retia ferre negent.
si volet arma, levi temptabis ludere dextra:
saepe dabis nudum, vincat ut ille, latus.
tunc tibi mitis erit, rapias tunc cara licebit
oscula: pugnabit, sed tibi rapta dabit.
rapta dabit primo, post afferet ipse roganti,
post etiam collo se implicuisse velit.
heu male nunc artes miseras haec saecula tractant!

die Jugend – wie schnell! Nicht bleibt träge stehen und kehrt zurück der [Tag!
Wie schnell verliert die Erde ihre purpurroten Farben,
wie schnell ihr schönes Laub die hohe Pappel!
Wie liegt danieder, wenn das Geschick des schwachen Greisenalters gekommen ist,
das Pferd, das früher aus den Schranken in Elis losgelassen wurde.
Ich sah schon einen jungen Mann, der, als ihn das spätere Alter bedrückte,
trauerte, weil ihm töricht verstrichen waren die Tage.
Grausame Götter! Eine Schlange legt verjüngt ihre Jahre ab;
der Schönheit schenkt das Geschick kein Verweilen.
Allein für Bacchus und Phöbus ist ewig die Jugend;
denn es passt herabwallendes Haar zu beiden Göttern.
Du sollst deinem Knaben alles, was er ausprobieren möchte,
zugestehen: Durch Nachgeben wird die Liebe sehr vieles bezwingen.
Nicht sollst du dich weigern, ihn zu begleiten, auch wenn zu einer langen Reise gerüstet wird
und der Hundsstern mit brennendem Durst die Felder ausdörrt,
auch wenn den Himmel einfasst mit aufgesticktem Purpursaum
der regenbringende Bogen und aufnimmt das Wasser, das herabkommen [wird.
Oder wenn er zu Schiff über die blauen Wogen fahren will,
treibe selbst den leichten Kahn mit dem Ruder über die Meeresflut.
Und nicht soll es dich verdrießen, dich harten Mühen zu unterziehen
oder die an Arbeit nicht gewöhnten Hände wund zu reiben,
und nicht, wenn er durch einen Hinterhalt ein tiefes Tal zusperren will,
sollen deine Schultern, wenn du ihm nur gefallen kannst, sich weigern, die Netze zu tragen.
Wenn er eine Waffenübung will, versuche, mit leichter Hand zu spielen;
oft biete ihm die ungedeckte Flanke, damit er siegt.
Dann wird er dir gegenüber sanft sein; rauben darfst du ihm dann teure
Küsse: Er wird sich wehren, aber dir doch geraubte geben.
Geraubte wird er zuerst geben, danach sie selbst auf Bitten gewähren,
danach sich dir vielleicht sogar an den Hals hängen wollen.
Wehe, schlecht behandelt jetzt die armen Künste unser Zeitalter!

iam tener assuevit munera velle puer.
at tu, qui Venerem docuisti vendere primus,
quisquis es, infelix urgeat ossa lapis.
Pieridas, pueri, doctos et amate poetas,
aurea nec superent munera Pieridas.
carmine purpurea est Nisi coma; carmina ni sint,
ex umero Pelopis non nituisset ebur.
quem referent Musae, vivet, dum robora tellus,
dum caelum stellas, dum vehet amnis aquas.
at qui non audit Musas, qui vendit amorem,
Idaeae currus ille sequatur Opis
et ter centenas erroribus expleat urbes
et secet ad Phrygios vilia membra modos.
blanditiis vult esse locum Venus ipsa: querellis
supplicibus, miseris fletibus illa favet.'
haec mihi, quae canerem Titio, deus edidit ore,
sed Titium coniunx haec meminisse vetat.
pareat ille suae: vos me celebrate magistrum,
quos male habet multa callidus arte puer.
gloria cuique sua est: me, qui spernentur, amantes
consultent; cunctis ianua nostra patet.
tempus erit, cum me Veneris praecepta ferentem
deducat iuvenum sedula turba senem.
eheu, quam Marathus lento me torquet amore!
deficiunt artes deficiuntque doli.
parce, puer, quaeso, ne turpis fabula fiam,
cum mea ridebunt vana magisteria.

Schon ein zarter Knabe hat sich daran gewöhnt, Geschenke zu wollen.
Doch du, der du als erster gelehrt hast, Liebesfreuden zu verkaufen,
wer auch immer du bist – dir soll ein verfluchter Stein auf die Gebeine
Die Pïeriden, ihr Knaben, und die gelehrten Dichter liebt, [drücken!
und Geschenke aus Gold sollen nicht die Pïeriden überbieten.
Aufgrund eines Gedichtes ist purpurrot des Nisus Haar; gäbe es keine
hätte an der Schulter des Pelops kein Elfenbein geglänzt. [Gedichte,
Der, von dem die Musen erzählen werden, wird leben, solange Eichen-
stämme die Erde,
solange der Himmel Sterne, solange der Strom Wasser trägt.
Doch wer nicht hört auf die Musen, wer Liebe verkauft,
der soll dem Wagen der idäischen Ops folgen
und dreimal hundert Städte auf Irrfahrten durchqueren
und abschneiden zu phrygischen Weisen sein wohlfeiles Glied.
Dass Schmeicheleien einen Ort haben, will Venus selbst; bittflehenden
Klagen und erbärmlichem Weinen zeigt sie sich gnädig.«
Dies hat mir, damit ich es dem Titius verkünde, der Gott aus seinem Mund
ertönen lassen,
doch seine Gattin verbietet dem Titius, sich daran zu erinnern.
Soll er seiner Frau gehorchen – ehrt ihr mich als Lehrer,
die ein durchtriebener Knabe mit viel listenreicher Kunst quält.
Jeder hat seinen Ruhm – mich sollen Liebende, die verschmäht werden,
um Rat fragen; allen steht meine Tür offen.
Es wird eine Zeit geben, da mir, weil ich die Lehren der Venus überbringe,
als altem Mann das Geleit geben wird der jungen Männer eifrige Schar.
Wehe, wie Marathus mit langsam glühender Liebe mich martert!
Es versagen meine Künste und es versagen meine Listen.
Schone mich, Knabe, bitte, damit ich nicht zur hässlichen Geschichte
wenn man über meine nutzlosen Lehren lachen wird! [werde,

EX P. OVIDII NASONIS FASTORVM LIBRIS PRIMO ET SEXTO

Liber I

Caeditur et rigido custodi ruris asellus;
causa pudenda quidem, sed tamen apta deo.
festa corymbiferi celebrabas, Graecia, Bacchi,
tertia quae solito tempore bruma refert.
di quoque cultores in idem venere Lyaei
et quicumque iocis non alienus erat,
Panes et in Venerem Satyrorum prona iuventus
quaeque colunt amnes solaque rura deae.
venerat et senior pando Silenus asello,
quique ruber pavidas inguine terret aves.
dulcia qui dignum nemus in convivia nacti
gramine vestitis accubuere toris:
vina dabat Liber, tulerat sibi quisque coronam,
miscendas parce rivus agebat aquas.
Naides effusis aliae sine pectinis usu,
pars aderant positis arte manuque comis;
illa super suras tunicam collecta ministrat,
altera dissuto pectus aperta sinu;
exserit haec umerum, vestes trahit illa per herbas,
impediunt teneros vincula nulla pedes.
hinc aliae Satyris incendia mitia praebent,
pars tibi, qui pinu tempora nexa geris:
te quoque, inexstinctae Silene libidinis, urunt:
nequitia est quae te non sinit esse senem.
at ruber, hortorum decus et tutela, Priapus
omnibus ex illis Lotide captus erat:
hanc cupit, hanc optat, sola suspirat in illa,
signaque dat nutu sollicitatque notis.

AUS: OVID, FESTKALENDER, BÜCHER 1 UND 6

Buch 1

Auch wird ein Esel für den steifen Wächter des Landgutes geschlachtet;
der Grund dafür ist zwar peinlich, aber passt doch zu dem Gott.
Ein Fest für den efeutragenden Bacchus feiertest du grade, Griechenland,
das der dritte Winter zur gewohnten Zeit wiederbringt.
Als Verehrer des Lyäus kamen auch Götter ebendort hin,
und wer auch immer erotischem Spiel nicht abgeneigt war,
Pane und das der Venus ergebene Jungvolk der Satyrn
und die Göttinnen, die die Flüsse und die einsamen Fluren bewohnen.
Gekommen war auch der alte Silen auf seinem krummen Esel
und der Rote, der mit seinem Phallus ängstliche Vögel verscheucht.
Als sie einen für ein süßes Gelage passenden Hain gefunden hatten,
lagerten sie sich auf Polstern, die mit Gras bedeckt waren.
Wein schenkte Liber ein, jeder hatte sich einen Kranz mitgebracht,
Wasser zum sparsamen Mischen führte der Bach.
Die Najaden waren da, einem Teil wallte das Haar ungekämmt herab,
andere hatten es kunstreich mit der Hand gelegt.
Die eine serviert mit bis über die Waden geraffter Tunika,
die mit offenem Gewandbausch, die Brüste entblößt;
die lässt die Schultern frei, jene schleppt das Kleid über den Rasen,
es schnüren keine Bänder die zarten Füße ein.
Daher verschafft ein Teil den Satyrn ein sanftes Entbrennen,
ein anderer dir, der du die Schläfen mit Fichte umflochten trägst.
Dich auch, Silen mit deiner unauslöschlichen Geilheit, lassen sie erglühen:
Es ist deine Liederlichkeit, die dich nicht zum alten Mann werden lässt.
Doch der rote Priap, Zierde und Schutz der Gärten,
war vor allen anderen von Lotis eingenommen:
Die begehrt, die wünscht er sich, nach ihr allein seufzt er,
er gibt ihr Zeichen durch Winken und lockt sie durch Gesten.

fastus inest pulchris sequiturque superbia formam:
inrisum voltu despicit illa suo.
nox erat, et vino somnum faciente iacebant
corpora diversis victa sopore locis;
Lotis in herbosa sub acernis ultima ramis,
sicut erat lusu fessa, quievit humo.
surgit amans animamque tenens vestigia furtim
suspenso digitis fert taciturna gradu.
ut tetigit niveae secreta cubilia nymphae,
ipsa sui flatus ne sonet aura cavet;
et iam finitima corpus librabat in herba:
illa tamen multi plena soporis erat.
gaudet et a pedibus tracto velamine vota
ad sua felici coeperat ire via.
ecce rudens rauco Sileni vector asellus
intempestivos edidit ore sonos.
territa consurgit nymphe, manibusque Priapum
reicit, et fugiens concitat omne nemus.
at deus, obscena nimium quoque parte paratus,
omnibus ad lunae lumina risus erat.
morte dedit poenas auctor clamoris; et haec est
Hellespontiaco victima grata deo.

Liber VI

Praeteream referamne tuum, rubicunde Priape,
dedecus? est multi fabula parva ioci.
turrigera frontem Cybele redimita corona
convocat aeternos ad sua festa deos;
convocat et Satyros et, rustica numina, Nymphas;
Silenus, quamvis nemo vocarat, adest.
nec licet et longum est epulas narrare deorum:

Doch Stolz steckt in Hübschen, und Hochmut begleitet die Schönheit:
Sie zeigt Verachtung in ihrer Miene und lacht ihn aus.
Nacht war es, und da der Wein schläfrig machte, lagen
die vom Schlaf übermannten Körper an verschiedenen Orten;
Lotis, am weitersten abseits unter Ahornzweigen,
ruhte, vom Spiel ermüdet, wie sie war, auf dem grasreichen Boden.
Es erhebt sich der Verliebte, und, den Atem anhaltend, lenkt er verstohlen
die leisen Füße, auf Zehenspitzen schreitend.
Als er das abgelegene Lager der schneeweißen Nymphe erreicht hat,
passt er auf, dass sogar der Hauch seines Atmens keinen Laut von sich gibt.
Und schon stand er balancierend im Gras ganz nahe:
Sie jedoch war voll tiefen Schlafes.
Er freut sich, zieht von ihren Füßen die Decke und hatte begonnen,
zum Ziel seiner Wünsche auf glücklichem Wege zu gelangen.
Da, brüllend lässt Silens Reittier, der Esel, aus rauer
Kehle ungelegen kommende Laute ertönen.
Aufgeschreckt erhebt sich die Nymphe, stößt mit den Händen Priap
zurück, und weckt davonlaufend den ganzen Hain auf.
Doch der Gott, noch allzu bereit mit seinem unanständigen Teil,
brachte alle im Mondlicht zum Lachen.
Mit dem Tod bestraft wurde der Hervorbringer des Schreis, und dieses
Opfer ist dem Gott vom Hellespont willkommen.

Buch 6

Soll ich übergehen oder erzählen, roter Priap, deine
Schmach? Es ist eine kurze Geschichte mit viel Spaß.
Kybele, die Stirn mit der Mauerkrone umwunden,
lädt die ewig lebenden Götter zu ihrem Fest ein;
sie lädt auch die Satyrn und Nymphen ein, die ländlichen Gottheiten;
Silen ist da, obwohl ihn niemand gerufen hatte.
Es ist nicht erlaubt und führte zu weit, das Mahl der Götter zu schildern:

in multo nox est pervigilata mero.
hi temere errabant in opacae vallibus Idae,
pars iacet et molli gramine membra levat,
hi ludunt, hos somnus habet, pars brachia nectit
et viridem celeri ter pede pulsat humum.
Vesta iacet placidamque capit secura quietem,
sicut erat, positum caespite fulta caput,
at ruber hortorum custos nymphasque deasque
captat et errantes fertque refertque pedes;
aspicit et Vestam: dubium nymphamne putarit
an scierit Vestam, scisse sed ipse negat.
spem capit obscenam, furtimque accedere temptat,
et fert suspensos corde micante gradus.
forte senex, quo vectus erat, Silenus asellum
liquerat ad ripas lene sonantis aquae.
ibat ut inciperet longi deus Hellesponti,
intempestivo cum rudit ille sono.
territa voce gravi surgit dea; convolat omnis
turba, per infestas effugit ille manus.
Lampsacus hoc animal solita est mactare Priapo,
'apta' canens 'flammis indicis exta damus.'

EX CATALEPTON LIBRO QVI VERGILIO FALSO ADSCRIBITVR

I

Vere rosa, autumno pomis, aestate frequentor
  spicis: una mihi est horrida pestis hiemps;
nam frigus metuo et vereor ne ligneus ignem
  hic deus ignavis praebeat agricolis.

Mit viel purem Wein wurde die Nacht durchwacht.
Die einen schweiften ziellos in den schattigen Tälern des Ida umher,
ein Teil liegt da und ruht die Glieder im weichen Gras aus,
die spielen, die umfängt Schlaf, ein Teil verschränkt die Arme
und stampft den grünen Boden im Dreitakt mit schnellem Fuß.
Vesta liegt da und pflegt sorglos sanfter Ruhe
so, wie sie war, den Kopf auf den Rasen gebettet,
doch der rote Wächter der Gärten sucht Nymphen und Göttinnen
zu erhaschen und lenkt die schweifenden Füße hin und her.
Er erblickt auch Vesta: Es ist zweifelhaft, ob er sie für eine Nymphe hielt
oder Vesta kannte; er selbst bestreitet, sie gekannt zu haben.
Er schöpf unanständige Hoffnung, versucht sich verstohlen zu nähern
und geht auf Zehenspitzen mit klopfendem Herzen.
Zufällig hatte der Greis Silen den Esel, auf dem er geritten war,
beim Ufer eines sanft ertönenden Wassers zurückgelassen.
Grad ging, um zu beginnen, der Gott des lang gestreckten Hellespont,
als jener mit ungelegen kommendem Laut brüllt.
Aufgeschreckt durch die tiefe Stimme erhebt sich die Göttin; es läuft die
Schar zusammen, er entflieht durch die feindlichen Hände. [ganze
Lampsakos pflegt dieses Tier Priap zu opfern,
wobei es singt: »Passend übergeben wir des Verräters Eingeweide den
Flammen.«

AUS: PS.-VERGIL, KLEINIGKEITEN

I

Im Frühling werde ich ständig von Rosen, im Herbst von Obst, im Sommer
von Ähren besucht; allein der Winter ist für mich eine schaurige Pest.
Denn ich fürchte die Kälte und habe Angst, der hölzerne
Gott hier könnte den faulen Bauern ihr Feuer liefern.

II

Ego haec, ego arte fabricata rustica,
ego arida, o viator, ecce populus,
agellulum hunc, sinistra et ante quem vides,
erique villulam hortulumque pauperis
tuor, malaque furis arceo manu.
mihi corolla picta vere ponitur,
mihi rubens arista sole fervido,
mihi virente dulcis uva pampino,
mihi gelante oliva cocta frigore.
meis capella delicata pascuis
in urbem adulta lacte portat ubera,
meisque pinguis agnus ex ovilibus
gravem domum remittit aere dexteram
tenella matre mugiente vaccula
deum profundit ante templa sanguinem.
proin, viator, hunc deum vereberis
manumque sursum habebis. hoc tibi expedit;
parata namque trux stat ecce mentula.
'velim pol', inquis? at pol ecce vilicus
venit, valente cui revulsa bracchio
fit ista mentula apta clava dexterae.

III

Hunc ego, o iuvenes, locum villulamque palustrem
tectam vimine iunceo caricisque maniplis,
quercus arida rustica formata arte securi
nutrior: magis et magis fit beata quotannis.
huius nam domini colunt me, deumque salutant
pauperis tuguri, pater filiusque adulescens,

2

Ich hier, ich, mit bäuerlicher Kunst hergestellt,
ich trockene Pappel, Wanderer, sieh her,
beschütze dieses Äckerchen, das du links und vor dir siehst,
das Landhäuschen und das Gärtchen eines armen Besitzers,
und wehre von ihm die böse Hand des Diebes ab.
Mir wird ein bunter Kranz im Frühling aufgesetzt,
mir rotgoldene Ähren, wenn die Sonne glüht,
mir, wenn das Weinlaub grün ist, süße Trauben,
mir in eisigem Frost gereifte Oliven.
Von meinen Weiden trägt die genusssüchtige Ziege
die von Milch geschwellten Euter in die Stadt,
ein fettes Lamm aus meinem Schafstall schickt
die von Geld schwere Rechte zurück nach Hause,
und die zarte junge Kuh verströmt, während die Mutter brüllt,
vor den Tempeln der Götter ihr Blut.
Daher, Wanderer, wirst du diesen Gott verehren
und die Hände hochhalten: Das wird dir nützen;
denn bereit steht – sieh her! – der grimmige Schwanz.
»Ich möcht's aber, beim Pollux!« sagst du? Doch, beim Pollux, sieh her,
es kommt der Verwalter, für den, mit starkem Arm ausgerissen,
dieser Schwanz hier eine in seine Rechte gefügte Keule wird.

3

Diesen Platz, ihr jungen Männer, und das Landhäuschen neben dem Sumpf,
das mit Weidenbinsen und Büscheln von Riedgras gedeckt ist,
ernähre ich, ein trockener Eichklotz, geformt mit bäuerlicher Kunst
durch die Axt. Immer gesegneter wird es von Jahr zu Jahr.
Denn seine Besitzer verehren und begrüßen mich als Gott
der armen Hütte, der Vater und sein heranwachsender Sohn,

alter assidua colens diligentia, ut herbae,
aspera ut rubus a meo sit remota sacello,
alter parva manu ferens semper munera larga.
florido mihi ponitur picta vere corolla,
primitus tenera virens spica mollis arista,
luteae violae mihi lacteumque papaver
pallentesque cucurbitae et suave olentia mala,
uva pampinea rubens educata sub umbra;
sanguine haec etiam mihi (sed tacebitis) arma
barbatus linit hirculus cornipesque capella.
pro quis omnia honoribus nunc necesse Priapo est
praestare, et domini hortulum vineamque tueri.
quare hinc, o pueri, malas abstinete rapinas:
vicinus prope dives est neglegensque Priapus.
inde sumite; semita haec deinde vos feret ipsa.

EX M. VALERII MARTIALIS EPIGRAMMATON LIBRIS VI, VII, VIII, XIV

Liber VI

XVI

Tu qui falce viros terres et pene cinaedos,
 iugera sepositi pauca tuere soli.
sic tua non intrent vetuli pomaria fures,
 sed puer et longis pulchra puella comis.

der eine mit ständiger Sorgfalt Acht gebend, dass Unkraut,
dass rauer Rotdorn entfernt wird von meinem Tempelchen,
der andere mit reich spendender Hand stets kleine Gaben bringend.
Im blühenden Frühling werden mir hingelegt ein bunter Kranz,
die zuerst auf der zarten Ähre grünende weiche Spitze,
gelbe Veilchen mir und milchweißer Mohn,
gelbliche Kürbisse und süß duftende Äpfel
und rotgoldene Trauben, herangezogen unter Weinlaubschatten.
Mit Blut bestreichen mir auch – doch schweigt! – diese Waffe da
ein bärtiges Böckchen und ein hornhufiges Zicklein.
Für diese Ehrengaben muss Priap jetzt alles
leisten und das Gärtchen und den Weinberg des Herrn beschützen.
Darum, ihr Knaben, haltet von hier fern die bösen Diebereien:
Der Nachbar nahebei ist reich und nachlässig sein Priap.
Von dort nehmt euch; dieser Pfad wird euch danach von selbst fortbringen.

AUS: MARTIAL, EPIGRAMME, BÜCHER 6, 7, 8, 14

Buch 6

16

Du, der du mit der Sichel Männer erschreckst und mit dem Schwanz [Schwuchteln,
schütze die wenigen Morgen abgelegenen Bodens.
Dafür sollen deinen Obstgarten keine ältlichen Diebe betreten,
sondern ein Knabe und ein schönes Mädchen mit langen Haaren.

XLIX

Non sum de fragili dolatus ulmo,
nec quae stat rigida supina vena
de ligno mihi quolibet columna est,
sed viva generata de cupressu:
quae nec saecula centiens peracta
nec longae cariem timet senectae.
hanc tu, quisquis es o malus, timeto.
nam si vel minimos manu rapaci
hoc de palmite laeseris racemos,
pascetur, licet hoc velis negare,
inserta tibi ficus a cupressu.

LXXII

Fur notae nimium rapacitatis
conpilare Cilix volebat hortum,
ingenti sed erat, Fabulle, in horto
praeter marmoreum nihil Priapum.
dum non vult vacua manu redire,
ipsum subripuit Cilix Priapum.

LXXIII

Non rudis indocta fecit me falce colonus:
    dispensatoris nobile cernis opus.
nam Caeretani cultor ditissimus agri
    hos Hilarus colles et iuga laeta tenet.
aspice quam certo videar non ligneus ore
    nec devota focis inguinis arma geram,
sed mihi perpetua numquam moritura cupresso
    Phidiaca rigeat mentula digna manu.

49

Ich wurde nicht aus zerbrechlicher Ulme geschnitzt,
und nicht ist sie, die vermöge der starren Ader nach oben steht,
aus beliebigem Holz, meine Säule,
sondern aus langlebiger Zypresse hervorgebracht:
Die fürchtet weder hundertmal vollendete Jahrhunderte
noch die Fäulnis eines langen Greisenalters.
Die fürchte du, wer auch immer du bist, Bösewicht!
Denn wenn du mit raubgieriger Hand auch nur die kleinsten
Trauben an diesem Weinstock antastest,
wird, auch wenn du das bestreiten willst,
deine Feige von meiner eingepfropften Zypresse gefüttert werden.

72

Ein Dieb mit nur allzu bekannter Raubgier,
Cilix, wollte einen Garten ausplündern,
aber es befand sich in dem riesigen Garten, Fabullus,
nichts außer einem marmornen Priap.
Da er nicht mit leeren Händen wieder gehen wollte,
raubte Cilix heimlich den Priap selbst.

73

Kein grober Pächter hat mich mit unkundigem Gartenmesser gemacht:
Du siehst das edle Werk eines Gutsverwalters.
Denn der steinreiche Bauer des caeretanischen Ackerlandes,
Hilarus, besitzt diese Hügel und fruchtbaren Hänge.
Schau, wie ich mit meinem naturgetreuen Gesicht nicht hölzern aussehe
und wie ich die Waffen meines Glieds trage, die nicht dem Ofen geweiht sind,
sondern mir, niemals zum Vergehen bestimmt, aus dauerhafter Zypresse,
mein der Hand des Phidias würdiger Schwanz steif steht.

vicini, moneo, sanctum celebrate Priapum
et bis septenis parcite iugeribus.

Liber VII

XCI

De nostro, facunde, tibi, Iuvenalis, agello
Saturnalicias mittimus, ecce, nuces.
cetera lascivis donavit poma puellis
mentula custodis luxuriosa dei.

Liber VIII

XL

Non horti neque palmitis beati,
sed rari nemoris, Priape, custos,
ex quo natus es et potes renasci,
furaces, moneo, manus repellas
et silvam domini focis reserves:
si defecerit haec, et ipse lignum es.

Liber XIV: Apophoreta

LXX

Priapus siligineus

Si vis esse satur, nostrum potes esse Priapum;
ipsa licet rodas inguina, purus eris.

Nachbarn, ich mahne euch, verehrt den heiligen Priap
und verschont die vierzehn Morgen Land.

Buch 7

91

Von meinem Gütchen, redegewandter Juvenal, schicke
ich dir, schau, Nüsse zu den Saturnalien.
Die übrigen Früchte hat den lüsternen Mädchen
der prachtvoll gebaute Schwanz des Wächtergottes geschenkt.

Buch 8

40

Nicht eines Gartens oder eines fruchtbaren Weinbergs
Wächter, Priap, sondern eines kargen Wäldchens,
aus dem du entstanden bist und wieder entstehen kannst:
Mögest du, ich mahne dich, die diebischen Hände zurückstoßen
und den Wald für das Herdfeuer des Herrn erhalten:
Falls es mit ihm zu Ende geht – auch du selbst bist Holz!

Buch 14: Tafelgeschenke

70

Priap aus Weizenmehl

Wenn du satt sein willst, kannst du unseren Priap essen.
Magst du auch sogar an seinem Glied knabbern, wirst du doch rein sein.

EX PETRONII ARBITRI SATYRICON RELIQVIIS

CXXXIII

(II) positoque in limine genu sic deprecatus sum numen aversum:

(III) 'Nympharum Bacchique comes, quem pulcra Dione
divitibus silvis numen dedit, inclita paret
cui Lesbos viridisque Thasos, quem litus adorat
septifluum templumque tuis imponit Hypaepis:
huc ades, o Bacchi tutor Dryadumque voluptas,
et timidas admitte preces. non sanguine tristi
perfusus venio, non templis impius hostis
admovi dextram, sed inops et rebus egenis
attritus facinus non toto corpore feci.
quisquis peccat inops, minor est reus. hac prece quaeso,
exonera mentem culpaeque ignosce minori,
et quandoque mihi fortunae arriserit hora,
non sine honore tuum patiar decus. ibit ad aras,
sancte, tuas hircus, pecoris pater, ibit ad aras
corniger et querulae fetus suis, hostia lactens.
spumabit pateris hornus liquor, et ter ovantem
circa delubrum gressum feret ebria pubes.'

AUS: PETRON, SATYRISCHE GESCHICHTEN

133

(2) Ich setzte das Knie auf die Schwelle und betete, wie folgt, inständig zu der Gottheit, die sich von mir abgewandt hatte:

(3) »Begleiter der Nymphen und des Bacchus, den die schöne Dione
üppigen Wäldern als Gottheit gab, dem das berühmte Lesbos
gehorcht und das grüne Thasos, den das siebenfach durchflossene
Gestade anbetet und dem den Tempel er stellt in dein Hypaipa:
Komm hierher, Beschützer des Bacchus und Wonne der Dryaden,
und erhöre meine ängstlichen Bitten! Nicht von grässlichem Blut
überströmt komme ich, nicht habe ich an Tempel als ruchloser Feind
Hand angelegt, sondern bedürftig und von Armut
geschwächt beging ich einen Frevel nicht mit dem ganzen Leibe.
Jeder, der sich als Bedürftiger vergeht, ist weniger schuldig. Mit diesem Gebet bitte ich,
nimm mir die Last vom Herzen und verzeih eine geringere Schuld,
und wenn dereinst die Stunde des Glücks mir zulacht, werde ich
nicht dulden, dass deine Würde ohne Ehrung bleibt. Kommen wird zu deinem Altar,
Heiliger, ein Bock, der Vater der Herde, kommen wird zu deinem Altar
ein Widder und das Junge einer jammernden Sau, ein noch saugendes Opfertier.
Schäumen wird in den Schalen das heurige Nass, und dreimal wird mit Jauchzen
um dein Heiligtum den Tanzschritt lenken die betrunkene Jugend.«

CXXXIX

II (ENCOLPIUS)
'Non solum me numen et implacabile fatum
persequitur. prius Inachia Tirynthius ora
exagitatus onus caeli tulit, ante profanus
Laomedon gemini satiavit numinis iram, 5
Iunonem Pelias sensit, tulit inscius arma 4
Telephus et regnum Neptuni pavit Ulixes. 6
me quoque per terras, per cani Nereos aequor
Hellespontiaci sequitur gravis ira Priapi.'

PRIAPEVM QVOD VERGILIO SIVE TIBVLLO FALSO ADSCRIBITVR

Quid hoc novi est? quid ira nuntiat deum?
silente nocte candidus mihi puer
tepente cum iaceret abditus sinu,
Venus fuit quieta, nec viriliter
iners senile penis extulit caput.
placet, Priape, qui sub arboris coma
soles, sacrum revincte pampino caput,
ruber sedere cum rubente fascino?
at, o Triphalle, saepe floribus novis
tuas sine arte deligavimus comas,
abegimusque voce saepe, cum tibi
senexve corvus impigerve graculus
sacrum feriret ore corneo caput.
vale, nefande destitutor inguinum,
vale, Priape: debeo tibi nihil.
iacebis inter arva pallidus situ,
canisque saeva susque ligneo tibi

139

2 (Enkolp)
»Nicht nur mich verfolgen eine Gottheit und ein unversöhnliches
Schicksal. Früher trug der Tirynthier, vom inachischen Gestade
fortgetrieben, die Last des Himmels, vorher stillte
der ruchlose Laomedon den Zorn der zwei Gottheiten,
Junos Macht bekam Pelias zu spüren, ahnungslos trug Waffen
Telephus, und vor Neptuns Reich erzitterte Odysseus.
Auch mich verfolgt durch die Lande, durch das Meer des grauen Nereus
der schwere Zorn des hellespontischen Priap.«

PS.-VERGIL ODER PS.-TIBULL, PRIAPEUM

Was ist denn das Unerhörtes? Was verkündet der Zorn der Götter?
Als in stiller Nacht ein strahlend weißer Knabe
im Verborgenen an meiner warmen Brust lag,
war Venus müde, und nicht erhob
mannhaft mein fauler Schwanz sein greises Haupt.
Ist dir das recht, Priap, der du unterm Laub des Baums
gewohnt bist, das heilige Haupt mit Weinlaub umwunden,
rot dazusitzen mit deinem roten Glied?
Doch wir, o Triphallus, haben oft mit neuen Blumen
deine Haare kunstlos aufgebunden
und oft durch Schreien sie weggescheucht, wenn dir
ein alter Rabe oder eine rastlose Krähe
gegen das heilige Haupt mit dem Schnabel aus Horn schlug.
Leb wohl, du ruchloser Deserteur von meinem Glied,
leb wohl, Priap: Ich schulde dir nichts.
Du wirst auf dem Feld liegen, bleich vom Moder,
und eine wilde Hündin und eine schlammbedeckte Wildsau werden an dir,

lutosus affricabit oblitum latus.
at, o sceleste penis, o meum malum,
gravi piaque lege noxiam lues.
licet querare: nec tibi tener puer
patebit ullus, in tremente qui toro
iuvante verset arte mobilem natem,
puella nec iocosa te levi manu
fovebit adprimetve lucidum femur.
bidens amica Romuli senis memor
paratur, inter atra cuius inguina
latet iacente pantice abditus specus
vagaque pelle tectus annuo gelu
araneosus obsidet forem situs.
tibi haec paratur, ut tuum ter aut quater
voret profunda fossa lubricum caput.
licebit aeger angue lentior cubes,
tereris usque, donec, a miser miser,
triplexque quadruplexque compleas specum.
superbia ista proderit nihil, simul
vagum sonante merseris luto caput.
quid est, iners? pigetne lentitudinis?
licebit hoc inultus auferas semel:
sed ille cum redibit aureus puer,
simul sonante senseris iter pede,
rigente nervus excubet lubidine
et inquietus inguina arrigat tumor,
neque incitare cesset usque dum mihi
Venus iocosa molle ruperit latus.

der du aus Holz bist, ihre vollgeschmierten Lenden reiben.
Doch du, du verbrecherischer Schwanz, du mein Ruin,
wirst nach strengem und gerechtem Gesetz dein Vergehen büßen.
Magst du noch so jammern: Für dich wird kein einziger zarter Knabe
offen sein, der auf wackelndem Bett
mit lustspendender Kunst seine beweglichen Arschbacken hin und her
kein ausgelassenes Mädchen wird dich mit glatter Hand [wendet,
verwöhnen oder ihren weiß leuchtenden Schenkel an dich drücken.
Eine Freundin mit nur zwei Zähnen, die sich noch an Greis Romulus
steht dir zur Verfügung, inmitten von deren dunklem Unterleib, [erinnert,
versteckt unter dem herabhängenden Wanst, eine Höhle verborgen ist
und der, geschützt von schlaffer Haut und ganzjähriger Kälte,
ein modriges Spinnennetz den Eingang blockiert.
Die steht dir zur Verfügung, damit ihr tiefer Graben
dreimal oder viermal dein schlüpfriges Haupt verschlingt.
Magst du auch vor Kummer daliegen, biegsamer als eine Schlange,
wirst du doch dauernd gerieben, bis du, ach Elender, Elender,
dreifach, ja vierfach ihre Höhle ausfüllst.
Dein Hochmut da wird dir nichts nützen, sobald
du dein bewegliches Haupt in den gurgelnden Schlamm getaucht hast.
Was ist, du Fauler? Verdrießt dich deine Schlappheit?
Magst du damit einmal ungestraft davonkommen:
Doch wenn jener goldene Knabe zurückkehrt,
soll, sobald du am Geräusch der Füße sein Nahen bemerkt hast,
der Schwanz in steifer Geilheit wachsam sein,
und unermüdlich soll die Schwellung das Glied steif aufrichten
und nicht aufhören, es zu erregen, bis mir
die ausgelassene Venus die zarten Lenden entkräftet hat.

EX AVRELII PRVDENTII CLEMENTIS CONTRA SYMMACHVM LIBRO PRIMO

Ecce deum in numero formatus et aeneus adstat
'Graius homo' augustaque Numae profulget in arce.
strenuus exculti dominus quidam fuit agri
hortorumque opibus memorabilis, hic tamen idem
scortator nimius multaque libidine suetus
rusticulas vexare lupas interque salicta
et densas saepes obscena cubilia inire.
indomitum intendens animum semperque paratum
ad facinus numquam calidis dabat otia venis.
hic deus e patrio praenobilis Hellesponto
venit ad usque Italos sacris cum turpibus hortos.
'sinum lactis et haec votorum liba quotannis'
accipit ac ruris servat vineta Sabini,
turpiter adfixo pudeat quem visere ramo.

EX ANTHOLOGIAE LATINAE EDITIONE RIESIANA

885

Hortis Hesperidum, Sabelle, cultis
nostrae cultior hortus est puellae.
mirari, o bone, desinas, Sabelle.
hortorum deus ipse nam Priapus
cunctis hunc fodit et rigat diebus.

AUS: PRUDENTIUS, GEGEN SYMMACHUS, BUCH I

Schau, in der Schar der Götter und aus Bronze geformt steht da
ein ›griechischer Mann‹ und glänzt auf der erhabenen Burg Numas.
Es war einmal ein strenger Herr eines gepflegten Ackerlandes,
denkwürdig wegen der Schätze seiner Gärten, doch auch
ein allzu schlimmer Hurer und in heftiger Geilheit gewohnt,
ländlichen Dirnen nachzustellen und in Weidengebüschen
und dichten Hecken unanständige Lager zu besteigen;
darauf seinen unbeherrschten und immer zur Untat bereiten Sinn
richtend, schenkte er seinen heißen Adern niemals Ruhe.
Dieser sehr berühmte Gott kam vom heimischen Hellespont
bis zu den italischen Gärten mit schändlichen Ritualen.
›Eine Schale mit Milch und diese Gelübdekuchen‹ empfängt er
›jährlich‹, und er bewacht die Weingärten des sabinischen Landgutes, er,
den mit seinem hässlich angehefteten Ast zu betrachten man sich
schämen soll.

AUS: LATEINISCHE ANTHOLOGIE, AUSGABE VON A. RIESE

Gepflegter ist der Garten meines Mädchens
als die gepflegten Gärten der Hesperiden, Sabellus.
Dich zu wundern hör auf, du guter Sabellus.
Denn der Gott der Gärten selbst, Priap,
gräbt ihn täglich um und bewässert ihn.

INSCRIPTIONES LATINAE

CIL 6,3708

Custos sepulcri pene destricto deus
Priapus ego sum mortis et vitai locus.

CIL 5,2803

Vilicus aerari quondam, nunc cultor agelli,
haec tibi Perspectus templa, Priape, dico.
pro quibus officiis, si fas est, sancte, paciscor,
adsiduus custos ruris ut esse velis,
improbus ut si quis nostrum violabit agellum,
hunc tu, sed tento –: scis, puto, quod sequitur.

CIL 14,3565 = CLE 1504

O Priape potens ami[ce, salve,
seu cupis genitor vo[cari] et auctor
orbis aut physis ipsa Panque, salve.
namque concipitur tuo vigore
quod solum [repl]et, aethera atque pontum.
ergo salve, Priape, salve, sancte.

saeva [Iuppiter] ipse te volente
ultro fulmina ponit atque [se]des
lucidas cupidus suas relin[quit.
te Venus bona, fervidus Cupido,
Gratia et ge[minae] colunt [sor]ores
atque laeti[tiae da]tor Lyaeus.

LATEINISCHE INSCHRIFTEN

Grabwächter mit gezücktem Schwanz, der Gott
Priap bin ich. Ein Hort des Lebens und des Todes.

Einst Kassenwart, jetzt Ackerbauer,
weihe ich, Perspectus, dir, Priap, diesen Tempel.
Für diese Dienstleistung, Heiliger, bedinge ich mir aus, wenn es recht ist,
dass du ständiger Wächter des Landgutes sein willst,
damit, wenn ein Ruchloser sich an meinem Äckerchen vergreift,
du ihn, aber mit steifem – du weißt, glaube ich, was noch folgt.

O Priap, mächtiger Freund, sei gegrüßt,
ob du Erzeuger genannt werden willst und Schöpfer
der Welt oder Natur selbst und Pan, sei gegrüßt.
Denn durch deine Kraft wird erfasst,
was die Erde erfüllt, Himmel und Meer.
Also sei gegrüßt, Priap, sei gegrüßt, Heiliger.

Sogar Jupiter legt, wenn du es wünschst, seine wilden
Blitze freiwillig nieder und verlässt
seinen leuchtenden Thron begierig.
Dich verehren die gute Venus, der feurige Cupido,
die Grazie und ihre beiden Schwestern
und der Geber der Freude, Lyäus.

namque te si[ne n]ec Venus proba[tur,
Gratiae illepidae, Cupi[do, Ba]cchus.
O Priape potens amice, salve.
te vocant prece virgi[nes pudi]cae,
zonulam ut solvas diu ligatam,
teque nupta vocat, sit ut mar[ito
nervus saepe rigens potensque sem[per.
    salve, sancte pater Priape, s[alve.

Salve, sancte pater Priape rerum,
salve, da mihi floridam iuventam,
da mihi ut pueris et ut puellis
fascino placeam bonis procaci
lusibusque frequentibus iocisque
dissipem curas animo nocentes
nec gravem timeam nimis senectam,
angar haud [miser]ae pavore mortis
quae ad domu[s] trahet invida[s Aver]n[i,
fabulas manes ubi rex coercet,
unde fata negant redire quemquam.
    salve, sancte pater Priape, sal[v]e.

Convenite simul quot esti[s om]nes,
quae sacrum colitis [ne]mus puellae,
quae sacras colitis a[q]uas puellae,
convenite quot estis atque [be]llo
voce dicite blandula [Pria]po:
salve, sancte pater Priape rerum.
in]guini oscula figite inde mille,
fasci]num bene olentibus [cor]onis
cing]ite illi iterumque dicite omnes:
salve, san]cte pater Priape rerum.
nam malos arcens homines [cr]uentos

Denn ohne dich wird Venus nicht anerkannt,
ohne Anmut sind Grazien, Cupido, Bacchus.
O Priap, mächtiger Freund, sei gegrüßt.
Dich rufen im Gebet die keuschen Jungfrauen,
dass du den lange zugebundenen Gürtel löst,
dich ruft die Ehefrau, dass dem Ehemann
der Schwanz oft steif ist und immer kräftig.
Sei gegrüßt, heiliger Vater, sei gegrüßt.

Sei gegrüßt, heiliger Priap, Vater der Welt,
sei gegrüßt, gib mir blühende Jugend,
gib mir, dass ich Knaben und dass ich Mädchen,
guten, mit meinem dreisten Schwanz gefalle
und mit Spielen und häufigen Scherzen
die der Seele schadenden Sorgen zerstreue
und nicht ein allzu beschwerliches Alter fürchten muss,
nicht bedrängt werde von der Angst vor dem elenden Tod
der uns zu den missgünstigen Häusern des Avernus schleppt,
wo sagenhafte Totengeister der König zusammenhält,
von wo das Schicksal jedem zurückzukehren verweigert.
Sei gegrüßt, heiliger Priap, sei gegrüßt.

Kommt alle her zugleich, so viele ihr alle seid,
Mädchen, die ihr den heiligen Hain verehrt.
Mädchen, die ihr die heiligen Quellen verehrt,
kommt, so viele ihr seid, her und sagt zu dem schönen
Priap mit lieblicher Stimme:
Sei gegrüßt, Priap, Vater der Welt.
Auf sein Glied drückt deshalb tausend Küsse,
seinen Schwanz umwindet mit wohlriechenden
Kränzen ihm und sagt wiederum alle:
Sei gegrüßt, Priap, Vater der Welt.
Denn böse, blutdürstige Menschen abwehrend

ire per siluas dat ille no[b]is
perque opaca silentia incruenta,
ille fontibus arcet et scelestos
inprobo pede qui sacros liquores
transeunt faciuntque turbulentos
qui lava[n]tque manus nec ante multa
invocant prece vos, deae pu[ellae.
'o Priape, fave, alme' dicite omnes,
'salve, sancte pater Priape, [salve.'

schenkt er uns, durch die Wälder zu gehen
und durch schattige nicht blutdürstige Stille,
und er hält von den Quellen fern die Verworfenen,
die mit ruchlosem Fuß das heilige Wasser
überschreiten und es trübe machen,
die darin ihre Hände waschen und nicht vorher mit vielen
Gebeten auch anrufen, ihr göttlichen Mädchen.
»O Priap, sei gnädig, Holder« sagt alle,
»sei gegrüßt, heiliger Vater Priap, sei gegrüßt.«

ANHANG

ZU DEN GRIECHISCHEN UND LATEINISCHEN TEXTEN DIESER AUSGABE

Hier sind die Abweichungen der vorliegenden lateinischen und griechischen Texte von den zugrunde gelegten Editionen verzeichnet. Die bibliographischen Angaben zu diesen sind in den Erläuterungen zu den einzelnen Texten angegeben.

Corpus Priapeorum

	Vollmer	Diese Ausgabe
4,2	*dicans*	*ducens* H, Bücheler
6,3	*prensum*	*prensam* HV[3], Jackson/Murgia
10,7	*salsa*	*falsa* AB, Gärtner
12,1	*iunior*	*canior* Schenkl, Kloss
12,7	*desim sibi mentula,*	*desit* AB *sibi, mentulam* L, Gärtner
14,2	*sacellum. et si … tecum,*	*sacellum, etsi … tecum.* Gärtner
15,4	*hoc: 'tibine quisquam*	*hoc sibi ipse: 'nemo* B, Gärtner
15,6	*sciat esse me?',*	*sciet esse me',* HV, Jackson/Murgia
16,7	*qualiacumque, pius*	*talia poma pius* Kloss
19,1	*circulatrix, quae*	*circulatrix (quae* Gärtner
19,3	*exos altius … motat,*	*exossatius* Heraeus, *motat?)* Gärtner
19,4	*lumbo?*	*lumbo,* Buchheit
19,5	*posset*	*possit* L. Müller
20,5	*invicti*	*invicta* HV, Jackson/Murgia
25,2	*et iam … fronde,*	*iam … fronde:* B, Buchheit, Kloss
29,2	*inprobisque verbis*	*in probis probrisque* AB, Gärtner
32,7	*putris † pumex*	*pura pumex* Baehrens, Gärtner
32,13	*insulariusve*	*insulae viaeque* Kloss
33,6	*mihi*	*manu* AB, Goldberg
36,3	*trahit*	*habet* Gärtner
36,4	*flava, lumine ⟨est⟩*	*rava lumine ⟨est⟩,* Haupt, Goldberg
36,5	*fronte † crinitos*	*frontem caprinos* L. Müller
37,5	*dis me*	*(nam dis* Gärtner
37,7	*curatum … verebar;*	*curandam … verebar),* AL, Gärtner
37,12	*compar*	*parti* Gärtner

40,2	*puto*	*puta* ς, Kloss
40,4	*hoc*	*hunc* L, Goldberg
42,2	† *facta*	*ficta* Melissus Schede
43,4	*viribus*	*usibus* AB, Jackson/Murgia
45,7	*sint*	*sunt* B, Callebat
46,6	*hinc, licet ut liberet,*	*hinc licuit libenter* Holland, Goldberg
50,6	*nostris*	*nodis* Kloss
51,6	*legit*	*legis* B A^3, Jackson/Murgia
51,12	† *alva*	*et galba* Goldberg
51,13	*purpurae*	*purpureo* AB, Jackson/Murgia
52,9	*partis*	*pratum* Housman
52,10	*et nil*	*nilo* Scaliger, Gärtner
52,11	*sapiet malus,*	*sapiet, malum* AHV, Goldberg
58,2	† *imminet procul* † *dubio*	*verminet procul culo* Buchheit
59,2	*exis*	*ibis* edd. vett.
61,13	*quod*	*quot* Gärtner
62,1f.	Lücke	keine Lücke Buchheit
63,1	*hic fixi* † *sedem*	*fixi ⟨in hanc semel⟩ sedem* Gärtner
63,9	*terribilem* †	*numen horridum* Gärtner
63,11	*numen*	*nomen* A, Gärtner
63,17	*tot figuras, quae*	*post* Gärtner *figuras* A, *quot* L
63,18	[Lücke vorher] *non* † inventis	*novis repertis* Gärtner
65,1	*morsit*	*mersit* AB, Jackson-Murgia
65,3	*extraneum* †	*exta meum* Gärtner
66,3	*a mirum, nisi*	*nimirum* AB *tibi* Kloss
	videre	*videri* ABV^1, Gärtner
66,4	*habere*	*abire* Gärtner
67,1	*Didonis*	*Didus fac* Heinsius, Jackson/Murgia
67,2	*Cadmi*	*Caci* Pascal
68,7	*certe si*	κοναβεῖ *si* Kloss
68,11	*nota*	*tenta* Gärtner
68,20	*hanc*	*hunc* HV, Bücheler
68,31	*quicunque*	*quis pene* Gärtner
68,36	*virum*	*viri* Kloss
70,1	*Illusit*	*Libavit* Gärtner
70,3	*carnum*	*quarum* AB, Goldberg
70,8	*rigendo*	*piando* Gärtner
72,4	*bracchia*	*brachia* Kloss
77,1	† *videtis*	*movetis* Burmann

79,2	*hanc*	*hunc* Gärtner
79,4	*fascinosior*	*sarcinosior* AB, Gärtner
80,4	† *maius eo.*	*maius eo?* Süß
80,8	*repellendus … iste*	*repellendum … ista* Gärtner

Griechische Anthologie

	Beckby	Diese Ausgabe
6,21,2	ἄσκυλον	ἀγκύλον Brodaeus, White
6,22,4	ἀντίδορον	ἀρτίδορον Toup, Gow/Page
6,102,7	φιλοδῖτα	φιλοδαῖτα Ludwich, Gow/Page
	Λάμων	Δάμων Brunck, Gow/Page
6,232,3	δειλαὶ	δειναὶ Toup, Gow/Page
6,232,5	ὑελοκικκάδες	ὑελοειδέες Ypsilanti
6,232,7	φιλοσκήπωνι	φιλοσκίπωνι C, Gow/Page
6,254,4	ἁδρολιπεῖς	ναρδολιπεῖς P
6,292,3	Νικονόῃ συνεπήιεν	Νικονόη † σὺν ἔκπιε † P, Floridi
9,338,6	καταγρόμενον	† καταγρόμενον P
9,437,3	τρισκελές	ἀσκελές Jahn, Gow/Page
9,437,5	ἕρκος δ' εὐίερον	σάκος δ' εὐίερος Gow/Page
9,437,14	εὔχου	εὔχε' Gow/Page
9,437,15	ἀπορρέξειν	ἐπιρρέξειν Gow/Page
9,437,18	νεύοι	ἀίοι Gow/Page
10,1,7	λιμενίτας	λιμενίτης Gow/Page
10,9,3	δἴκτυ' ἄγ' ἁπλώσασθε –	δίκτυα δ' ἁπλώσασθε, Jacobs, Page
	δ'	γ' Page
10,9,4	ἀρυσσάμενοι,	ἀρυσσάμενοι –, Page
16,239,3	Χαριτῶ … ἀγχόθι καλὴν	Χαρίτων … ἄγχι καλιὴν Gow/Page
16,240,3	Ἐρεῖς ἔτι, κεἰ … ἥξεις;“	Ἐρῶ σέ τι, κοὐ … ἥξεις. Gow/Page
16,240,4	μοι. – „Καὶ	μοι· καὶ Gow/Page
16,240,8	τὴν	σὴν Gärtner
16,241,1	„Ὥριμος.“ – Οἶδα	Ὥριμος, οἶδα Gow/Page
16,241,4	ἔχων	ἔχω Gow/Page

Catull

Mynors	Diese Ausgabe	
Frg. 1	*quaque … Priape*	*quaque* ⟨*silva*⟩, *Priape* ω

Horaz, Satiren

	Klingner	Diese Ausgabe
1,8,29	*manis*	*Manibus* lemma Pph, Gowers
1,8,39	†*Iulius*	*Iulius* codd., Gowers

Ps.-Vergil, Catalepton

	Richmond	Diese Ausgabe
2,14	†*teneraque*	*tenella* D'Orville
3,7	*cavens*	*colens* codd.
3,20	*Priapi*	*Priapus* codd.

Martial

	Lindsay	Diese Ausgabe
6,16,1	*pene ... falce*	*falce ... pene* Gronovius
6,49,10	*nascetur*	*pascetur* Gärtner

Petron

	Müller	Diese Ausgabe
133,3,3	*Lydus ...* †*semper flavius*†	*litus ... septifluum* Fiaccador
139,2,2	*Inachiae ... ira*	*Inachia ... ora* rt
139,2,4	†*tulit inscius arma*†	*tulit inscius arma* L

Ps.-Vergil oder Ps.-Tibull, Priapeum

	Richmond	Diese Ausgabe
22	†*inminente*†	*in tremente* Tränkle

VERSMASSE

Im Folgenden werden alle Metren, welche die Texte der vorliegenden Sammlung aufzuweisen haben, in der Reihenfolge vorgestellt, in der sie jeweils erstmals erscheinen. Dabei steht immer am Anfang eine Liste der Gedichte, in denen das Versmaß verwendet ist; darauf folgen das metrische Schema und (gegebenenfalls) kurze Bemerkungen dazu.

1. Elegisches Distichon: CP 1, 3, 5, 7, 9, 11, 13, 16, 18, 20, 21, 22, 24, 27, 30, 33, 38, 40, 42, 43, 49, 53, 54, 55, 60, 62, 65, 67, 68, 71, 72, 73, 74, 80; AG alle außer 6,193; Tib. 1,4; Ov. Fast. 1,391–440; 6, 319–346; Ps.-Verg. Catal. 1; Mart. 6,16. 73; 7,91; 14,70; CIL 5,2803.

— ⏔ — ⏔ — ⏔ — ⏔ — ⏔ — ⏒
— ⏔ — ⏔ — | — ⏑⏑ — ⏑⏑ ⏓

Hexameter und Pentameter wechseln miteinander ab.

2. Hendecasyllabus (Elfsilbler) oder Phalaeceus: CP 2, 4, 6, 8, 10, 12, 14, 15, 17, 19, 23, 25, 26, 28, 29, 32, 34, 35, 37, 39, 41, 44, 45, 46, 48, 50, 52, 56, 57, 59, 61, 64, 66, 69, 70, 75, 76, 77; AG 6,193; Fur. Bib. F 1; Mart. 6,49. 72; 8,40; AL 885; CIL 14,3565 außer 26. 30. 43.

⏑—
—⏑ —
— — — ⏑⏑ — ⏑ — ⏑ — ⏑

3. Hinkiambus (Choliambus): CP 31, 36, 47, 51, 58, 63, 78, 79.

⏒ — ⏑ ⏒ — ⏑ ⏑ — — ⏒

4. Priapeus: Catull 17, F 1 und 2; Ps.-Verg., Catal. 3.

— ⏓ — ⏑⏑ — ⏑ — | — ⏓ — ⏑⏑ — ⏒

Der Priapeus setzt sich aus einem Glyconeus (Merkvers: »Níemàls hábe ich Géld bei mìr«) und einem um eine Silbe verkürzten (katalektischen) Glykoneus, dem Pherecrateus, zusammen.

5. Daktylischer Hexameter: Verg. Buc. 7,33–36; Hor. Sat. 1,8; Petron 133,3; 139,2; Prud. Contr. Symm. 1,102–115.

– ⏔ – ⏔– ⏔– ⏔– ⏔– ⏒

6. Iambischer Trimeter oder Senar

a) Reiner iambischer Trimeter (*iambi puri*): Ps.-Verg., Catal. 2; Ps.-Verg./Ps.-Tib., Priapeum.

⏒ – ⏑ – ⏑– ⏑– ⏑– ⏑ ⏓

b) *Iambischer Trimeter*: IG XII 3,421f.; CIL 6,3708.

⏒ – ⏑ – ⏒ | – ⏑– ⏒ – ⏔

7. Sapphicus minor: CIL 14,3565,26. 30. 43.

– ⏑ – ⏒– ⏑⏑ – ⏑ – ⏒

ERLÄUTERUNGEN

Corpus Priapeorum

Zugrunde gelegte Ausgabe (zu den Abweichungen im vorliegenden Text s. S. 171):
Poetae Latini minores post Aemilium Baehrens iterum recensuit Fridericus Vollmer. Vol. II. Fasc. 2. Ovidi Nux. Consolatio ad Liviam. Priapea, Leipzig ^{2}1923 (Bibliotheca Teubneriana).

1

2 *ziehe nicht ...:* Als Zeichen von moralischer Entrüstung (wörtlich: »zieh die zu einem Latiner passende Augenbraue herunter«).
Latiner: Römer, hier gleichgesetzt mit einem sittenstrengen Menschen.
3 *die Schwester des Phöbus:* die jungfräuliche Jagdgöttin Diana.
Vesta: die jungfräuliche Göttin des Herdfeuers.
4 *die Göttin, die ...:* Athene/Minerva, die jungfräuliche Göttin der Weisheit, die dem Schädel des Zeus/Jupiter entspringt.
7 *Tunika:* Römisches Untergewand.
8 *den hier:* den Phallus.

2

2 *Büchleins:* Gemeint ist eine Papyrusrolle.
7 *den piërischen Chor:* In Piërien, einer Landschaft in Thessalien, dachte man sich die Musen geboren; deshalb nannte man sie auch Piëriden.

3

4 *wenn missgünstig ... der Bart:* Ein erotisch wie eine Frau begehrter Knabe verlor nach dem ersten Bartwuchs seine Attraktivität für einen Päderasten.

5 *er, der, geraubt vom heiligen Vogel:* Jupiter lässt den jungen Ganymed durch seinen Adler entführen und macht ihn zu seinem Geliebten und Mundschenk.

8 *wenn ... fürchtet:* D. h., wenn sie Angst vor der vaginalen Penetration hat.

9 *auf gut Lateinisch:* Vgl. ›auf gut Deutsch‹.

4

1 *dem Gott mit dem Steifen:* wörtlich ›dem steifen Gott‹.

2 *Büchlein der Elephantis:* Ein Buch, vermutlich unter einem Pseudonym verfasst – Elephantine/Elephantis war eine der ägyptischen Städte mit besonders vielen Prostituierten –, mit Abbildungen von Stellungen beim Sexualakt.

3 *Lalage:* häufig von Prostituierten getragener Name, dessen Klang obszöne Bewegung der Zunge und ›lallen, plappern‹ (griech. *laleîn*) evozieren konnte.

5

4 *dein Garten: hortus* kann auch metaphorisch für Anus und Vagina stehen; vgl. *Anthologia Latina* 885, S. 160.

6

3 *gepackt*: Die gut bezeugte Lesart *prensam*, die auf eine Frau weist, ist wegen der Abwechslung (Gedicht 5 und 7: Knabe) vorzuziehen.

5 *Kithara:* Fünf- bis zwölfsaitiges Musikinstrument.

7

1 *t ... p dico:* Gemeint ist: »Statt t sage ich immer p«, und so hört man im Lateinischen *te pedico* (»ich ficke dich in den Arsch«).

8

1 *Matrone:* Verheiratete freie Römerin, der durch Gesetz Ehebruch verboten war.

3 *As:* Kleinste römische Münze.

9

3 *der Weltherrscher:* Zeus/Jupiter.

4 *Meergott:* Poseidon/Neptun.

5 *Mavors:* In Dichtung gern gebrauchter alter Name des Kriegsgottes Mars (griech. Ares).

6 *Pallas:* Athene/Minerva.

7 *Phöbus:* Apollon/Apollo.

8 *Diana:* Zu 1,3.

9 *der Alkide:* Herakles/Herkules nach seinem Großvater Alkeus.

10 *Tunika:* Zu 1,7.
der geflügelte Gott: Hermes/Merkur.

11 *Bacchus:* Der Weingott (griech. Dionysos), dessen Anhänger bei ihren Orgien den *Thyrsus* tragen, einen mit Efeu und Weinlaub umwickelten Stab.

12 *Amor:* Der Liebesgott, dessen Fackel zur Liebe entzündet.

10

2 *Praxiteles:* Bildhauer und Erzgießer im 4. Jh. v. Chr. in Athen.
Skopas: Bildhauer und Baumeister (4. Jh. v. Chr.).

3 *Phidias:* Bildhauer und Maler im 5. Jh. v. Chr. in Athen (griech. Pheidias).

7 *trügerische Sache:* Offenbar ist hier impliziert, dass dem lachenden Mädchen, wenn Priap es penetriert, das Lachen vergehen werde. Vgl. in der vorliegenden Sammlung AP 16,86,5f. und Ovid, *Fasti* 1,420 (Gärtner, s. S. 227, 195f.).

11

3 *du so ausgeweitet:* D. h. der Anus des Angeredeten.

12

1 *Hektors Mutter:* Hekabe/Hekuba, Frau des Trojanerkönigs Priamus, die gern als Beispiel für eine sehr alte Frau angeführt wird.

2 *Sibylle*: Die Priesterin in Kumä am Golf von Neapel, die Äneas in die Unterwelt begleitet und mehrere Jahrhunderte alt wird.

3 *du:* Hekale, eine alte Frau, von der *Theseus*, unterwegs zum Kampf mit dem

marathonischen Stier, gastfreundlich aufgenommen wird und die er bei der Rückkehr tot vorfindet.

11 *Stola:* Langes Frauengewand über der *Tunika* (zu 1,7).

12 *sie:* Die Vagina der alten Frau.

14 *bärtige Nase:* Die Klitoris, umgeben von den Schamhaaren.

15 *Epikur:* Griechischer Philosoph (341–270 v. Chr.), der auch einmal bei Cicero als gähnend bezeichnend wird (*De natura deorum* 1, 72) – sprichwörtlich?

13

2 *die dritte Strafe:* Die orale Penetration (lat. *irrumatio*), weil er kein Knabe mehr ist (zu 3,4).

14

2 *schweres Vergehen ... zusammen war:* Der religiösen Norm entsprechend beträte der Angesprochene den Tempel unrein.

10 *auch beschmiert ...:* Bordelle galten als schwarz vom Ruß der Öllampen.

15

7 *Zeugen:* Das Wortspiel mit *testes*, was ›Zeugen‹ und ›Hoden‹ bedeutet, kann im Deutschen nicht nachgeahmt werden.

16

1 *Hippomenes:* Er lässt bei dem Wettlauf, den Atalanta, die Tochter des *Schöneus*, von ihren Freiern verlangt, drei von Aphrodite/Venus erhaltene goldene Äpfel in Abständen fallen und gewinnt, weil Atalanta sich nach ihnen bückt.

2 *Hesperiden*: Nymphen, die im äußersten Westen der Welt in einem Garten zusammen mit einem Drachen goldene Äpfel bewachen.

4 *Nausikaa:* Tochter des Phäakenkönigs Alkinous, der einen besonders schönen Obstgarten besitzt und zu dem Odysseus auf seinen Irrfahrten kommt.

5 *Akontius:* Da Kydippe seine Liebe nicht erwidert, rollt er in einem Tempel einen Apfel zu ihr hin, in den er »Bei Artemis, ich werde Akontios heiraten« einge-

ritzt hat. Durch lautes Lesen der Worte ›verlobt‹ Kydippe sich ihm und muss, nachdem sie vom Vater mehrfach zur Heirat mit anderen Freiern bestimmt und daraufhin von Artemis/Diana mit Krankheit geschlagen worden ist, sich mit Akontius vermählen.

17

3 *ausgeweitet:* Zu 11,3.

18

2 *Frau ... weit:* D. h. ihre Vagina.

19

1 *hier:* Vor der Statue Priaps.
6 *Stiefsohn Phädras:* Hippolytus, der sich seiner Stiefmutter verweigert.

20

1 *Jupiter:* Zu den Göttern s. Gedicht 9.
3 *Thyrsusstäbe:* Zu 9,11; *Liber* ist der lateinische Name des Dionysos/Bacchus.

21

1 *Die Menge:* Die der Früchte, die ihn förmlich erdrückt.
mich: Sprecher ist offensichtlich der Dieb.
2 *uns:* Priap soll nicht den Dieb und sich selbst verraten.
4 *Via Sacra:* ›Heiliger Weg‹ in Rom über das Forum Romanum zum Kapitol, eine der belebtesten Geschäftsstraßen.

24

4 »Wegen des Kohls ...«: Vgl. AG 16,236,4 und 237,4.

25

1 *Dieses Zepter ... ergrünen können:* Das Motiv, erstmals bei Homer belegt (*Ilias* 1,234f.), findet sich auch in Vergils *Aeneis* (12,206–209) und Richard Wagners *Tannhäuser* (3. Akt, 3. Szene).

4 *das manche Könige zu halten begehren:* Der Vorschlag Gärtners, diesen Vers hinter den ersten zu stellen (s. S. 227, 201f.), scheint sachlich gerechtfertigt, aber hier dürfte eher eine obszöne Bedeutung impliziert sein, und die »vornehmen Schwuchteln« sind vielleicht mit den »Königen« identisch.

7 *Griff an den Hoden:* Der Penis.

27

4 *mit der Hand:* Wörtlich »mit der hingeführten Hand«.

6 *steif erregt ... ihre Schar sei:* Der Zustand des Penis bei den Zuschauern ist auf den Zustand der ganzen Schar übertragen.

28

5 *Höheres berühren:* D. h. den Angeredeten oral penetrieren.

30

4 *zu anderem Zweck:* Oral penetriert, wird er das Wasser nicht trinken, sondern zur Mundspülung nehmen.

31

3 *ausweiten:* Zu 11,3.

4 *du selbst:* Das in den Handschriften überlieferte *ipsa* setzt voraus, dass einer Frau die anale Penetration angedroht wird. Da das innerhalb des Gedichtbuches ungewöhnlich ist, wird man die Möglichkeit, dass zu *ipse* zu emendieren ist, nicht ausschließen.

32

5 *der tuskische Haruspex:* Etruskischer Priester (›Eingeweidebeschauer‹), der aus tierischen Eingeweiden die Zukunft herausliest.

13 *Ich, der eiserne Wegweiser:* Offenbar spricht Priap hier nicht als hölzerne, sondern als eiserne Figur, die in einem Wohnblock eine Laterne hält.

14 *als riebe ich ...:* Bildlich für den Koitus mit der dürren jungen Frau, für deren Leib das Horn einer Laterne, d. h. das Material, aus dem diese gemacht ist, als etwas besonders Trockenes steht.

33

1 *Najaden und Dryaden:* Wasser- und Baumnymphen.

34

1 *ein heiliges Fest:* Vgl. AG 5,200 (dort bes. V. 4), von dem CP 34 angeregt sein dürfte.

36

2 *Phöbus ...:* zu den Göttern in V. 2, 3, 4a und 9 vgl. Gedicht 9.

5 *Faune:* Bocksfüßige, gehörnte, koboldartige Begleiter des Hirtengottes Pan in der griechischen Landschaft Arkadien.

6 *der Götterbote:* Hermes/Merkur mit seinen *zu ihm passenden*, d. h. für einen Boten gut geeigneten Flügelschuhen.

7 *Schutzherr über Lemnos:* Der hinkende Schmiedegott Hephaistos/Vulkan.

8 *Äskulap:* der jugendliche Gott der Ärzte.

37

1 *Votivtafel:* Auf einer solchen ist aufgemalt, wie einem Menschen von einem Gott geholfen wurde, und sie ist in seinem Heiligtum aufgestellt.

6 *Sohn des Phöbus:* Äskulap (zu 36,8).

39

1 *Merkur:* Zu den Göttern s. Gedicht 9.

3 *Lyäus:* Beiname des Weingottes Dionysos/Bacchus (griech. für ›Sorgenlöser‹).

4 *Cupido:* Der Liebesgott Amor.

40

1 *Subura:* Stadtviertel in Rom zwischen dem Forum Augustum und dem Cispius, in dem die meisten Prostituierten ihrem Gewerbe nachgingen.

2 *aufgrund ihres Gewerbes frei:* Prostituierte waren in der Regel Sklavinnen. Diese hat so viel verdient, dass sie den Freikauf finanzieren konnte.

41

4 *Feigenwarzigster:* Mit den meisten Geschwüren, genannt Feigenwarzen (*ficus*, wörtl. ›Feige‹), am Anus. Welcher Art diese Geschwüre waren, konnte bisher nicht eindeutig geklärt werden.

42

4 *echtes Obst:* Vielleicht liegt eine obszöne Zweideutigkeit vor.

45

1 *der steife Gott:* D. h. der Gott mit dem steifen Glied.

2 *mit dem glühenden Eisen:* D. h. mit der Brennschere.

3 *maurisch:* Das steht für dunkelhäutig.

6 *bist du …:* D. h. »Du bist ebenso wenig ein Mädchen, wie deine Schamhaare Kopfhaare sind.«

46

1 *Maure:* Zu 45,3.

3 *Pygmäe:* Seit Homer (*Ilias* 3,3–6) glaubte man, die Pygmäen würden von Kranichen angegriffen.

5 *weiter:* Zu 18,2.

medisch: Persisch.

6 *zur Hölle fahren:* Wörtl.: »zu den Manen (= den Geistern der Verstorbenen) gehen«.

8 *Rauke:* Sie galt als Mittel zur Steigerung der männlichen Potenz.

47

6 *Rauken:* Zu 46,8.

49

1 *Mauern:* Sie umgeben die Statue.

4 *hochgezogenen Augenbrauen:* Zu 1,2.

50

6 *Knoten:* Hoden.

51

6 *Arete:* Die Frau des Alkinous (zu 16,4).

7 *picenisch:* Picenum, eine mittelitalienische Landschaft an der Adria, war für die Qualität der Obstproduktion bekannt.

21 *die geilen Rauken:* Zu 46,8.

52

6 *zwei:* Goldberg vermutet wohl mit Recht, dass zwei weitere erigierte Glieder gemeint sind, Priap hier also als Triphallus (vgl. Ps.-Tibull oder Ps. Vergil, Priapeum 9; S. 156) spricht.

9 *Esel:* Esel wurden Priap geopfert; vgl. Ovid, *Festkalender* 1,439f. und 6,345f. (S. 142 und 144).

11 *er:* Der potentielle Dieb, jetzt in der dritten Person.

53

4 *Ceres:* Die Göttin des Ackerbaus (griech. Demeter).

54

1 *Wenn du …:* C und D, durch einen Strich verbunden, ergibt den Phallus mit Hoden und Eichel, wie Goethes Zeichnung zeigt (s. S. 217).

55

6 *Lampsakos:* Ort am Hellespont, von dem der Priap-Kult ausging.
Gallus: Wortspiel, welches darauf beruht, dass das Wort nicht nur ›Gallier‹ bedeutet – demgemäß würde Priap nach Gallien auswandern –, sondern auch einen Anhänger der Muttergottheit Kybele bezeichnet, der kastriert ist.

56

2 *den unanständigen Finger:* den sogenannten ›Stinkefinger‹.

57

4 *Tithonus:* Ehemann der Eos/Aurora, der Göttin der Morgenröte, die ihn unsterblich, aber nicht für immer zum jungen Mann macht, worüber er ein uralter Greis wird.
Priamus: Der greise König von Troja.
Nestor: Griechischer Kämpfer vor Troja, der drei Menschenalter durchlebt.

6 *mich:* Wegen der Analogie zu 12,7 dürfte auch hier Priap der Sprecher sein.

7 *mein ›Mädchen‹ zu werden:* D. h., von ihm auch so genannt und behandelt zu werden.

60

2 *Alkinous:* Zu 16,4.

62

2 *Sirius:* Hund, der *Erigone* zu dem Leichnam ihres von Dionysos mit der Weinrebe beschenkten und von betrunkenen Bauern getöteten Vaters Ikarius führt, worauf sie sich erhängt. Alle drei werden an den Sternenhimmel versetzt, Erigone als Jungfrau, Ikarius als Bootes und der Hund als Sirius. Offenbar soll *Erigone erigere*, also das erigierte Glied Priaps evozieren; dann steht *Sirius cum Erigone* parodistisch für *Priapus cum mentula*.

63

2 *zur Zeit des Hundssterns:* Während der Hundstage (22. Juli bis 21. August).

9 *Knüppel:* Wie in 11,1 zum Schlagen von Dieben bestimmt.

17 *Philainis:* Name einer Hetäre und wahrscheinlich Pseudonym eines griechischen Autors, der im 3. Jahrhundert v. Chr. ein (nur fragmentarisch erhaltenes) Buch *Über Stellungen beim Koitus* verfasste.

67

1 *Penelopes ...: Pe + Di + Ca + Re = pedicare* (›in den Arsch ficken‹). *Penelope* ist die Frau des Odysseus, *Dido* die Königin Karthagos, die vorübergehend ein Verhältnis mit Äneas hat, *Cacus* ein feuerspeiendes, menschenfressendes Ungeheuer auf dem Aventin, das von Herkules getötet wird, weil es ihm Rinder gestohlen hat, und *Remus*, Zwillingsbruder des Romulus, der andere Gründer Roms.

68

3 *hier:* Im Garten.

9 *der tänarischen Fotze:* Helena aus Lakonien mit dem Vorgebirge Tänarum/Tänarus (zu 75,3).

der troïsche Schwanz: Paris, der Helena entführt.

11 *der Tantalide:* Tantalus' Urenkel Agamemnon, der Chryseïs, die von ihm erbeutete Tochter des Priesters Chryses, diesem nicht zurückgeben will.

13 *Eben dieser beraubte ...:* Durch Apollon gezwungen, Chryseïs herauszugeben, nimmt Agamemnon dem *Äakiden* (= Sohn des Äakus), Achilles, dessen Geliebte Briseïs weg; hier ist Subjekt sein Penis.

15 *pelethronisch*: Thessalisch von Pelethronion, einer Landschaft in Thessalien. *Kithara:* Zu 6,5.

16 *stärker gespannt:* D. h. mit einem Glied, das noch straffer ist als die Seite einer Kithara (zu 6,5).

17 *Mit dem hieraus entstandenen Zorn:* Homers *Ilias* beginnt mit dem Wort *mênin* (›Zorn‹). Achilles zürnt wegen der erzwungenen Übergabe der Briseïs an Agamemnon und bleibt dem Kampf um Troja fern.

18 *er:* Der Zorn, aber auch *mentula*, das an *mênis* anklingt.

21 *Hier:* In Homers *Odyssee*.

22 *môly:* Zauberkraut, dem Odysseus von Hermes/Merkur zur magischen Abwehr der Zauberkunst Kirkes gegeben. Die lange Wurzel, in die es laut der *Naturgeschichte* des älteren Plinus ausläuft (25,26), regte den Dichter des Priapeen-Buchs offenbar zur scherzhaften Gleichsetzung mit dem Penis des Helden an.

23 *Kirke:* Bei ihr und später bei *Kalypso*, der Tochter des Titanen *Atlas*, der das Himmelsgewölbe trägt, hält sich Odysseus/Ulixes, hier nach der zu seinem Reich gehörigen Insel Dulichium benannt, länger auf.

25 *die Tochter des Alkinous:* Nausikaa. Als Odysseus von einem Sturm nackt an die Küste des von ihrem Vater beherrschten Reiches verschlagen wird, bedeckt er seine Blöße vor ihr mit einem belaubten Zweig.

30 *Ficker:* Die Freier Penelopes während der Abwesenheit des Odysseus.

32 *den steif aufgerichteten Freiern:* D. h. den Freiern mit ihren Erektionen.

33 *Sehne:* Das Wortspiel mit der anderen Bedeutung ›steifes Glied‹ kann im Deutschen nicht nachgemacht werden. Der Text spielt auf die Bogenprobe an: Penelope verspricht demjenigen ihre Hand, der mit dem Bogen des Odysseus am besten treffen kann. Dieser, von Penelope tot geglaubt, ist in Gestalt eines Bettlers bereits ›inkognito‹ anwesend und gewinnt den Wettbewerb.

69

4 *gekackt*: D. h. ›herausgekackt‹. Denkbar wäre auch ›bekackt‹, also mit Kot beschmiert.

70

7 *die … mir opfert durch Sühnung:* Womit, verrät die Schlusspointe.

72

1 *»Den Schutz …«:* Da im lateinischen Text die Metrik falsch ist – z. T. sind die Längen und Kürzen ausgetauscht –, dürfte ein dilettantischer Dichter sprechen.

4 *magere … Kürzen:* Im Deutschen nicht nachzuahmendes Wortspiel mit griech. *makrá bracheîa* [gesprochen *brachīa*] und lat. *macra brac(c)hia*. Da *brac(c)hia dare* mit metrisch langem, betonten *a*, was ›umarmen‹ bedeutet, in Anspielung auf die metrischen ›Vertauschungen‹ in V. 1f. ›griechisch‹ als *brachīa* mit Betonung auf dem langen *i* gelesen werden kann – und das bedeutet ›Kürzen erzeugen‹ –, deutet der Sprecher Priap an, er könne die gestohlenen *mala* (›Äpfel‹) mit langem *a* in *mala* (›Übel‹) mit kurzem *a* verwandeln.

73

4 *Altar:* Nur hier für ›Vagina‹.

74

2 *das Höchste:* D. h. den oben befindlichen Mund.

75

1 *Dodona:* Berühmter Kultort des höchsten Gottes in Epirus mit einem Orakel.

2 *Juno:* Die bekanntesten Kultorte der Göttermutter (griech. Hera) waren die Insel in der Ägäis und die Hauptstadt der Argolis.

3 *Tänarus:* Kap an der Südspitze der Peloponnes mit einem Tempel für Poseidon/Neptun.

4 *die kekropische Festung:* Athen nach dem mythischen König Kekrops.

5 *Pythius:* Apollo nach seiner Kultstätte in Pytho, einem älteren Namen für Delphi, das wegen seines berühmten Orakels als ›Nabel‹, d. h. Mittelpunkt der Welt galt.

6 *Delia:* Artemis/Diana nach ihrem Geburtsort Delos mit dem Berg Kynthos. Auf Kreta wurde sie mit Diktynna gleichgesetzt.

7 *Faunus*: Der römische Gott, hier mit dem Hirtengott Pan identifiziert, wurde auf dem Berg *Mänalus* in Arkadien verehrt.

8 *Sol:* Der Sonnengott, griech. Helios, dem auf der Insel in der Ägäis eine riesige Statue, der ›Koloss von *Rhodos*‹ an der Hafeneinfahrt, errichtet war.

9 *Gades ... Tibur:* Kultorte des Heros in Spanien und Latium.

10 *Kyllene:* Gebirge in Arkadien und Geburtsort des Hermes/Merkur mit den Flügelschuhen.

11 *dem langsamen:* D. h. dem hinkenden Hephaistos/Vulkan, dessen Schmiedewerkstatt man auf der Ägäisinsel *Lemnos* lokalisierte.

12 *Henna:* Stadt in der Mitte Siziliens und Ort der Entführung Persephones/Proserpinas, der Tochter der *Ceres*, der Göttin des Ackerbaus, durch den Unterweltsherrscher Pluto.

13 *die geraubte Göttin:* Persephone/Proserpina, verehrt u. a. in *Kyzikos*, einer Stadt am Südufer der Propontis (heute das Marmarameer).

14 *die schöne ...:* Bedeutende Kultorte der Liebesgöttin waren *Knidos* im kleinasiatischen Karien und *Paphos* auf Zypern. Da Priap sich in den Gedichten 9, 20, 36, 39 und 53 an das krönende Ende einer Götterreihe stellt, darf man vermuten, dass das Ende von Gedicht 75 nicht überliefert ist. Denkbar wäre aber auch, dass, weil der Gott auf das Ende des Gedichtbuches zu immer mehr die Potenz seines herausragenden Körperteils verliert, sich auch jetzt nicht mehr als Gott besonders herausstreicht. Auf jeden Fall böte das ebenso eine Überraschung für den Leser wie die zunehmende ›Entphallisierung‹ Priaps.

76

4 *Tithonus ...:* Zu 57,4. Man erwartet die Nennung junger Leute, bekommt aber als Überraschungspointe die drei (bereits 20 Verse vorher) genannten sprichwörtlich alten Männer. Es besteht also kein Grund, Ausfall von Versen vor *Quod sim* anzunehmen.

77

14 *wie ein zugesperrter Kitharöde:* Künstler wie diejenigen, die zur Kithara (zu 6,5) sangen, hinderte man, um sie gesund zu erhalten, an sexueller Aktivität, indem man ihnen eine Nadel (*fibula*) durch die Vorhaut stach.

17 *Fibel:* Zu V. 14.

78

6 *vor Furchen:* Sie wurde offenbar – vorausgesetzt, sie erfindet das nicht als Grund für die Absage an Priap – auch in die Klitoris gebissen, weswegen der Sprecher am Anfang die Zähne verflucht.

79

3 *unser Dichter:* Es sprechen offenbar die personifizierten Verse.

80

5 *Tydeus:* Der Vater des Trojakämpfers Diomedes (vgl. Homer, *Ilias* 5,801).

7 *Aber ... können:* Zu ergänzen: »Denn mein zu kleines Glied hätte mir nicht geschadet«, was implizit mit V. 5f. begründet wird (Gärtner, S. 227, 239f.).

9 *Solange man lebt:* Wenn man *vivis* wörtlich mit ›du lebst‹ wiedergibt, kann es an Priap gerichtet sein und die Hoffnung auf Unsterblichkeit des Priapeen-Buches implizieren; vgl. *vivam* (›ich werde leben‹), das letzte Wort von Ovids *Metamorphosen*

10 *steifer Priap:* D. h. Priap mit dem steifen Glied.

Griechische Anthologie

Zugrunde gelegte Ausgabe (zu den Abweichungen im vorliegenden Text s. S. 173):

Anthologia Graeca. 2. verbesserte Auflage. Griechisch-Deutsch ed. H. Beckby, 4 Bde., München 1965–1967 (Tusculum-Bücherei).

Weitere herangezogene Ausgaben:

GP I = The Greek Anthology. Hellenistic Epigrams. Edited by A. S. F. Gow and D. L. Page, 2 Bde., Cambridge 1965.

GP II = The Greek Anthology. The Garland of Philip and Some Contemporary Epigrams. Edited by A. S. F. Gow and D. L. Page, 2 Bde., Cambridge 1968.

Page = Further Greek Epigrams. Epigrams before A. D. 50 from the Greek Anthology and Other Sources, not Included in ›Hellenistic Epigrams‹ or ›The Garland of Philip‹. Edited by D. L. Page, Cambridge 1981.

The Greek Anthology. With an English Translation by W. R. Paton. 5 Bde., London/New York 1916–1918.

Antologia Palatina. A cura di F. Conca, M. Marzi, G. Zanetto, 3 Bde., Torino 2005–2011 (Classici Graeci).

Anthologia Graeca. Herausgegeben von D. U. Hansen, 4 Bde., Stuttgart 2011–2014 (Bibliothek der griechischen Literatur 88. 76. 79. 89).

Effe, B.: Theokrit. Gedichte. Griechisch – deutsch. Hg. und übersetzt, Berlin ^{2}2013 (Sammlung Tusculum).

Floridi, L.: Edilo, *Epigrammi*. Introduzione, testo critico, traduzione e commento, Berlin/Boston 2020 (Texte und Kommentare 64).

Penzel, J.: Variation und Imitation. Ein literarischer Kommentar zu den Epigrammen des Antipater von Sidon und des Archias von Antocheia, Trier 2006 (Bochumer Altertumswissenschaftliches Colloquium 71).

Valerio, F.: Agazia Scolastico, Epigrammi. Introduzione, testo critico e traduzione, Diss. Univ. Ca' Foscari, Venezia 2014.

Ypsilanti, M.: The Epigrams of Crinagoras of Mytilene. Introduction, Text, Commentary, Oxford 2018.

Buch 5

200 (= GP I 3804–07: anonym, hellenistisch).

1 *Alexo:* Name einer Hetäre, die Priap als Schutzpatron verehrt und ihm die von ihr genannten Gaben weiht.

4 *heilige nächtliche Feier:* ein öffentliches Fest zu Ehren des Gottes oder eine private nächtliche Feier der Hetäre mit ihrem Liebhaber.

Buch 6

21 (= Page 1110–19: anonym, wahrscheinlich 1. Jh. v. Chr.).

3 *Helfer gegen Regen:* Ein Umhang.

10 *Wohlstand:* Ungewöhnlich für einen Gartenarbeiter mit zerrissenem Mantel und groben Schuhen. Soll es eine komische Überraschungspointe sein?

22 (= GP II 3440–45: Diodoros Zonas von Sardes, 1. Jh. v. Chr.).

33 (= GP II 2500–07: Makkios [»Maecius«], 1. Jh. v. Chr.).

89 (= GP II 2508–15: Makkios [»Maecius Quintus«], 1. Jh. v. Chr.).

102 (= GP II 2741–48: Philipp von Thessalonike, 1. Jh. n. Chr.).

192 (= GP II 3638–45: A. Licinius Archias, geb. um 120 v. Chr., für den Cicero die Rede *Pro Archia poeta* hielt, oder Archias von Mytilene, 1. Jh. v. Chr.).

193 (wegen des Metrums [Hendecasyllabus, s. S. 175], das er sonst nicht verwendet, vermutlich nicht der Dichter Flaccus, der im ersten Jahrzehnt des 1. Jh.s n. Chr. seine Blütezeit erlebt haben dürfte und die Epigramme GP II 3792ff. verfasste. Denkbar wäre Phalaikos [um 310 v. Chr.], von dem der auch Phalaeceus genannte Hendecasyllabus stammt).

232 (= GP II 2014–21: Krinagoras, um 70 v.–um 20 n. Chr.).
4 *Ambrosia:* Die Speise der Götter. Normalerweise wird Honig mit dem Trank der Götter, dem Nektar, gleichgesetzt.
7 *stabliebend:* Pan als Hirtengott liebt den Hirtenstab.
Stock: Vermutlich ist der Phallus gemeint.

254 (= GP II 2560–66: Myrinos, 1. Jh. v. Chr.).
4 *die ... fremden Haare:* D. h. seine Perücke.
7 *Hetärenumzüge:* Offenbar nächtliche, an ein Gelage anschließende Umzüge von Hetären, unter die sich der effeminierte Statyllios mischt.

292 (= GP I 1825–30: Hedylos, um 270 v. Chr.).
1 *lakonisch:* Spartanisch.
3 ... *Nikonoë:* Die beiden Wörter lassen sich nicht durch eine überzeugende Konjektur ersetzen.
4 *ambrosischer:* D. h. göttlicher (zu 6,232,4).
Eroten und Chariten: Liebesgötter und die drei Göttinnen der Anmut: Aglaia; Euphrosyne, Thalia (lat. Grazien).

Buch 9

338 (= GP I 3468–73: Theokrit von Syrakus, 1. H. 3. Jh. v. Chr.).
2 *Stellhölzer:* Stangen, die das Netz des Jägers Daphnis tragen.
6 *Schlaf ...:* Das letzte Wort lässt sich nicht durch eine überzeugende Konjektur ersetzen.

437 (= GP I 3474–91: Theokrit [zu 9,338] vielleicht fälschlich zugeschrieben).
4 *Kypris:* Die Liebesgöttin Aphrodite/Venus nach ihrem Kult auf Zypern.

Buch 10

1 (= GP I 2490–97: Leonidas von Tarent, geb. nach 300 v. Chr.).
2 *Zephyr:* Westwind.

2 (= GP I 438–45: Antipater von Sidon, gest. um 125 v. Chr.).
8 *Bromios:* Beiname des Dionysos/Bacchus.

4 (= GP II 1451–58: Markos Argentarios, um 20 v. Chr.).
4 *Zephyr:* Westwind.

5 (= Page 372–79: Thyillos, vielleicht 1. Jh. v. Chr.).

6 (= Page 329–36: Satyros, 2. oder 1. Jh. v. Chr.).
3 *Kekrops-Töchter:* Athenerinnen (zu CP 75,4), hier aber nur die Schwalben, offensichtlich mit Anspielung darauf, dass die Königstochter Prokne dem Mythos zufolge in eine Schwalbe verwandelt wird.
6 *Flügel:* Gemeint sind entweder die Ruder oder (eher) die Segel.

7 (= GP 3750–57: Archias, zu 6,192).
7 *Hekatombe:* Opfer von hundert Rindern.

8 (= GP 3758–3765: Archias, zu 6,192).
3 *zugespitzt:* D. h. er hat einen Spitzkopf.
9 (= Page 1130–35: anonym).
5 *Anzeiger des Fangs:* D. h. der, welcher zeigt, wo der Fang zu machen ist.

14 (Agathias Scholastikos, um 536–582).
7 *Syrte:* Untiefe vor der Küste Libyens.

15 (Paulos Silentiarios, um 520–575).
7 *Thetis:* Meergöttin, Mutter des Achilles. Von ihr wird *Bromios* (zu 10,2,8) auf seiner Flucht vor dem Thrakerkönig Lykurg gastlich aufgenommen.

16 (Theaitetos Scholastikos, 6. Jh. n. Chr.).
17 (= GP II 849–54: Antiphilos, 1. Jh. v. Chr.).

Hafenwächter: Entweder Priap oder Pan.
3 *bis zu Triton:* Da er ein Meeresgott ist, wird ›bis aufs hohe Meer‹ gemeint sein.
4 *Pytheion:* Offenbar das Apollon-Orakel in Delphi.

Buch 11

224 (= GP II 631f.: Antipater von Thessalonike, 1. Jh. v. Chr.).

Buch 16

86 (anonym).

236 (= GP I 2482–85: Leonidas von Tarent; zu 10,1).

237 (= GP I 3628–31: Tymnes, um 225 v. Chr.).
priapisiere: D. h. penetriere anal.
Kronos: Der Vater des Zeus/Jupiter (lat. Saturnus).

238 (Lukian von Samosata, um 120–um 180).

239 (= GP II 1291–94: Apollonides, 1. Jh. v. Chr.).

240 (= GP II 3126–33: Philipp von Thessalonike, zu 6,102).
8 *Feige hinten:* Gemeint ist der Anus.

241 (= GP II 1503–08: Markus Argentarios, zu 10,4).
5 *Feige:* Zu 16,240,8.

242 (= GP II 2282–89: Erucius, 1. Jh. v. Chr.).
7 *Helles Strand:* Der Strand des Hellesponts, benannt nach Helle, die mit ihrem Bruder Phrixos vor der Stiefmutter Ino auf einem Widder durch die Luft flieht und durch ihren Sturz dem Meer ihren Namen gibt.
8 *Lampsakos:* Zu CP 55,6.

243 (= GP II 1119–24: Antistios, 1. Jh. v. Chr.).
5 *wird … durchbohren:* Er wird ihn anal penetrieren, auch wenn er kein Knabe mehr ist (zu CP 3,4).

260 (anonym).

261 (= GP I 2486–89: Leonidas von Tarent, zu 10,1).

Griechische Inschriften

IG (= Inscriptiones Graecae) XII 3,421f. und 464 mit Suppl. 1333–1350 in: J. Geffcken, Griechische Epigramme, Heidelberg 1916 (Kommentierte griechische und lateinische Texte 3), Nr. 172, S. 65f.

1 *Stadt der Theraier:* Thera auf der gleichnamigen Vulkaninsel in der südlichen Ägais. Die Inschrift wurde dort in der zweiten Hälfte des 3. Jahrhunderts v. Chr. angebracht.

2 *Lampsakener:* Zu CP 55,6.

SEG (= Supplementum Epigraphicum Graecum) 4, Leiden 1929/30, S. 10 Nr. 59

3 *Akis:* Fluss in Sizilien, der am Fuß des Ätna entspringt. Die (zweisprachige) Inschrift wurde nicht vor dem 3. Jh. n. Chr. auf einer zweigesichtigen Priap-Statue im heutigen Casalotto bei Acireale in Sizilien angebracht.

Catull

Zugrunde gelegte Ausgabe (zu den Abweichungen im vorliegenden Text s. S. 173)

C. Valerii Catulli Carmina. Recognovit brevique adnotatione critica instruxit R. A. B. Mynors, Oxford (Scriptorum Classicorum Bibliotheca Oxoniensis).

17

6 *Salier:* Priester des Mars, die einen kultischen Tanz aufführten.

Fragment 1

2 *Lampsakos:* Zu CP 55,6.

Furius Bibaculus

Zugrunde gelegte Ausgabe:

Fragmenta poetarum Latinorum praeter Enni Annales et Ciceronis Grammaticique Aratea. Post W. Morel et K. Büchner editionem quartam auctam curavit Jürgen

Blänsdorf, Berlin/Boston 2011 (Bibliotheca Scriptorum Graecorum et Romanorum Teubneriana).

Fragment 1 (p. 202)

1 *Cato:* Valerius Cato, geb. um 100 v. Chr., Dichter der Catull-Generation, der sogenannten ›Neoteriker‹, dessen Werk verloren ist.

Vergil, Hirtengedicht 7,33–36

Zugrunde gelegte Ausgabe:

P. Vergilius Maro. Bucolica. Edidit et apparatu critico instruxit Silvia Ottaviano. Georgica. Edidit et apparatu critico instruxit Gian Biago Conte, Berlin/Boston 2013 (Bibliotheca Scriptorum Graecorum et Romanorum Teubneriana).

35 *du sollst …*: Das sagt er offensichtlich zu dem Phallus Priaps.

Horaz, Satiren 1,8

Zugrunde gelegte Ausgabe (zu den Abweichungen im vorliegenden Text s. S. 174):

Q. Horatius Flaccus Opera. Editdit Fridericus Klingner, Leipzig [3]1959 (Bibliotheca Scriptorum Graecorum et Romanorum Teubneriana).

11 *Pantolabus … Nomentanus:* Vielleicht reale Personen.

12 *mit einer Länge …:* Dem entsprechen etwa 300 x 90 m.

14 *Esquilin:* Einer der sieben Hügel und Stadtteil Roms.

24 *Canidia:* Vermutlich fiktive Figur, die mehrfach in den Epoden des Horaz auftritt.

25 *Sagana:* Ebenfalls fiktiv. Sagana erinnert an *saga* (»Hexe«).

33 *Hekate:* Nächtlich wirkende Zaubergöttin mit drei Köpfen.

34 *Tisiphone:* Eine der drei Erinnyen/Furien (Rachegöttinnen).

35 *Luna:* Die Mondgöttin.

39 *Pediatia:* Laut dem Horaz-Kommentator Porphyrio ein effeminierter Ritter namens Pediatius, also vielleicht eine reale Person, was auch für Voranus gelten könnte.

Tibull, Elegien 1,4

Zugrunde gelegte Ausgabe (zu den Abweichungen im vorliegenden Text s. S. 174):

Tibullus. Elegies. Text, Introduction and Commentary by Robert Maltby, Cambridge (ARCA. Classical and Medieval Texts, Papers and Monographs 41).

6 *Hundsstern:* Zu CP 63,2.

25 *Diktynna:* Zu CP 75,6.

26 *Minerva:* Zu CP 1,4.

32 *Elis:* Landschaft im Nordwesten der Peloponnes, wo die Olympischen Spiele abgehalten wurden.

37 *Bacchus und Phöbus:* Zu CP 9,7 und 11.

43 *auch wenn den Himmel ...:* Der Regenbogen, der den Himmel mit einem Purpursaum versieht, wie ihn die Toga praetexta aufweist, zieht nach antiker Vorstellung Wasser zu den Wolken hinauf, das dann herabregnet.

61 *Piëriden:* Zu CP 2,7.

63 *Nisus:* König von Megara. Er hat eine purpurrote Locke, von der die Stärke des Stadtstaates abhängt. Um die Liebe seines Feindes Minos zu gewinnen, schneidet seine Tochter Skylla sie ihm ab und liefert so Megara an Minos aus.

64 *Pelops:* Als sein Vater Tantalus ihn den Göttern zum Mahl vorgesetzt hat, isst nur die um den Verlust ihrer Tochter Proserpina (Persephone) trauernde Göttin Ceres (Demeter) etwas, und zwar die Schulter; diese wird durch eine elfenbeinerne ersetzt, als die Götter den Knaben wieder zum Leben erwecken.

68 *die idäische Ops:* Kybele (zu CP 55,7), die auf dem Idagebirge in Phrygien in NW-Kleinasien verehrt wurde.

70 *und abschneiden ...:* Zu CP 55,7.

73 *Titius:* Nicht zu identifizierende, vermutlich fiktive Figur.

81 *Marathus:* Vermutlich fiktive Figur.

Ovid, Fasti

Zugrunde gelegte Ausgabe:

P. Ovidi Fastorum libri sex. Recensuerunt E. H. Alton†, D. E. W. Wormell, E. Courtney, Leipzig 1978 (Bibliotheca Scriptorum Graecorum et Romanorum Teubneriana).

Buch 1

391 *Auch:* Vorher ist von anderen Tieropfern die Rede.
für den steifen Wächter: D. h. für den Wächter mit dem steifen Glied.

395 *Lyäus:* Zu CP 39,3.
397 *Pane:* Waldgötter mit Ziegenhörern und Ziegenhufen.
Satyrn: Bocksähnliche Waldgötter von sprichwörtlicher Geilheit.
398 *die Göttinnen:* Nymphen der Flüsse (Najaden) und der Bäume (Hamadryaden oder Dryaden).
399 *Silen:* Glatzköpfiger, meist betrunkener Anführer der Satyrn, Lehrer und Begleiter des Bacchus.
403 *Liber:* Bacchus.
405 *Najaden:* Zu CP 33,1.
412 *dir:* Dem Hirtengott Pan.
440 *Hellespont:* Zu AG 16,242,7.

Buch 6

321 *Kybele:* Zu Tibull 1,4,68.
327 *Ida:* Zu Tibull 1,4,68.
331 *Vesta:* Die jungfräuliche Göttin des Herdfeuers.

Ps.-Vergil, Catalepton

Zugrunde gelegte Ausgabe (zu den Abweichungen im vorliegenden Text s. S. 174):
Appendix Vergiliana. Recognoverunt et adnotatione critica instruxerunt W. V. Clausen, F. R. D. Goodyear, E. J. Kenney, J. A. Richmond, Oxford 1966 (Scriptorum Classicorum Bibliotheca Oxoniensis).
1,2 *Ähren:* Opfergaben für den Gott.
2,17 *die Hände hoch halten:* Zum Zeichen, dass er nicht stehlen kann.
2,19 *ich möcht's aber:* Entweder meint er ›stehlen‹ oder die anale Penetration als Strafe dafür.
Pollux: einer der beiden Dioskuren, der Zwillingssöhne Jupiters (griech. Polydeukes); der Bruder heißt Kastor.
3,4 *es:* Das Landhäuschen.

Martial, Epigramme

Zugrunde gelegte Ausgabe (zu den Abweichungen im vorliegenden Text s. S. 174):
M. Val. Martialis Epigrammata. Recognovit brevique adnotatione critica instruxit W. M. Lindsay, Oxford 1903 (Scriptorum Classicorum Bibliotheca Oxoniensis).

Buch 6

49,11 *Feige:* Zu CP 41,4. Hier hat das Wort aber offensichtlich die Bedeutung ›Anus‹; vgl. zu AG 16,240,8 und 241,5.

72,2 *Cilix:* Ein sprechender Name, da die Kilikier, ein Volksstamm im südöstlichen Kleinasein, als Seeräuber berüchtigt waren.

73,3 *caeretanisch:* Zu Caere, einer Stadt in S-Etrurien.

73,8 *Phidias*: Zu CP 10,3.

Buch 7

91,1 *Juvenal:* D. Iunius Iuvenalis, römischer Satiriker (um 55–nach 130).

91,2 *Saturnalien:* Fest in der zweiten Dezemberhälfte, an dem Herren und Sklaven die Rollen tauschten, man sich gegenseitig beschenkte und Würfelspiele ausnahmsweise erlaubt waren.

Buch 14. *Apophoreta*

70,1 *Priap essen:* Wie alle anderen Epigramme in diesem Buch spricht dieses von einem kleinen Geschenk, das man während der Saturnalien (zu Mart. 7,91,2) bei einem Gastmahl zum Mitnehmen bekam.

Petron, Satyrica

Zugrunde gelegte Ausgabe (zu den Abweichungen im vorliegenden Text s. S. 174):
Petronius: Satyricon reliquiae. Edidit Konrad Müller. Editio iterata correctior editionis quartae, München/Leipzig 1995.

Kap. 133,2f.

2 *Gottheit*: Priap, dessen Zürnen Enkolp für seine Impotenz verantwortlich macht.

3,1 *Dione:* Sonst Mutter der Venus, hier Venus selbst.

3,3 *Lesbos … Thasos:* Inseln in der Ägäis.

das siebenfach durchflossene Gestade: Das Nildelta mit den sieben Mündungen.

3,4 *Hypaipa:* Lydisches Städtchen am südlichen Abhang des Bergs Tmolus.

3,5 *Dryaden:* Zu Ovid, *Festkalender* 1,398.

3,9 *einen Frevel nicht mit dem ganzen Leibe:* D. h. nur mit dem Penis, weil er beim Koitus versagte (s. Einführung S. 33f.).

Kap. 139

2,2 *Tirynthier:* Herkules, dessen Mutter Alkmene der Sage nach in Tiryns, einer Stadt in der Argolis, geboren wurde. Der Held nimmt dem Titanen Atlas die Last des Himmels ab, solange dieser für ihn die Äpfel aus dem Garten der Hesperiden (zu CP 16,2) holt.
inachisch: Argivisch; nach König Inachus von Argos.

2,4 *Pelias:* König von Iolkos in Thessalien, der Hera/Juno bei einem Opfer übergeht, worauf sie veranlasst, dass er von Medea ermordet wird.

2,5 *Laomedon:* König von Troja, der sich von Apollo(n) und Poseidon/Neptun die Mauern seiner Stadt erbauen lässt, die beiden Götter aber um ihren Lohn prellt und dafür von ihnen bestraft wird.

2,6 *Telephus:* Mysischer König auf der Seite Trojas, der von Achill verwundet wird. Worauf der Text anspielt, ist unklar.
Odysseus: Ihn verfolgt Poseidons (*Neptuns*) Zorn auf dem Meer, weil er dessen Sohn Polyphem das Auge ausgestochen hat.

2,7 *Nereus:* Der greise Vater der Meernymphen.

2,8 *des hellespontischen Priap*: Zu AG 16,242,7.

Ps.-Vergil oder Ps.-Tibull, Priapeum

Zugrunde gelegte Ausgabe (zu den Abweichungen im vorliegenden Text s. S. 174):
Appendix Vergiliana. Recognoverunt et adnotatione critica instruxerunt W. V. Clausen, F. R. D. Goodyear, E. J. Kenney, J. A. Richmond, Oxford 1966 (Scriptorum Classicorum Bibliotheca Oxoniensis).

4 *Venus*: Metonymisch für Libido, sonst für Koitus und durchaus auch – das würde hier ebenfalls passen – für Penis.

8 *roten Glied*: Eine Priapusstatue war entweder ganz rot angemalt oder nur am Phallus.

9 *Triphallus*: Wörtlich ›dreifacher Phallus‹, aber *tri-* kann auch eine große Menge anzeigen, also ›riesiger Phallus‹. Priap ist immer noch angesprochen.

10 *kunstlos aufgebunden*: Wirre Haare gehörten zur Ikonographie des Gottes.

22 *offen sein*: Für die anale Penetration.

26 *Romulus:* Zu CP 67,1.

27 *dunklem*: Vermutlich ist die dunkle Behaarung der Vagina gemeint.

40 *golden*: Im übertragenen Sinne ›außerordentlich schön‹.

45 *Venus*: Zu V. 4.

Prudentius, Contra Symmachum

Zugrunde gelegte Ausgabe:
Prudentius, Contra Symmachum. Gegen Symmachus. Lateinisch–Deutsch. Übers. und eingeleitet von H, Tränkle, Turnhout 2008 (Fontes Christiani 85).

Buch 1

103 *ein ›griechischer Mann‹:* Wohl eine Anspielung darauf, dass Lukrez in *Die Natur der Dinge* den von ihm zum Gott erklärten Philosophen Epikur so nennt (1,66). *Burg Numas:* Rom, über das Numa Pompilius als zweiter mythischer König herrscht.

111 *Hellespont:* Zu AG 16,242,7.

113 *›Eine Schale ... jährlich‹:* Zitat von Vergil, *Bucolica* 7,33 (s. S. 128).

114 *Weingärten des sabinischen Landgutes:* Vielleicht Anspielung auf das Landgut des Horaz in einem Tal der Sabinerberge.

Anthologia Latina

Zugrunde gelegte Ausgabe:
Anthologia Latina sive poesis Latinae supplementum. Ediderunt Franciscus Buecheler et Alexander Riese. Pars prior: Carmina in codicibus scripta. Recensuit Alexander Riese. Fasciculus II: Reliquorum librorum carmina.. Editio altera denuo recognita, Leipzig (Bibliotheca Scriptorum Graecorum et Romanorum Teubneriana).

885

1 *Hesperiden:* Zu CP 16,2.

Lateinische Inschriften

CIL (= Corpus Inscriptionum Latinarum) 6,3708 = CLE 5173 (= Carmina Latina Epigraphica)

1 *Grabwächter:* Es handelt sich um eine Grabinschrift; s. Einführung S. 36.

CIL 5,2803 = CLE 861 = Ps.-Tibull, Priapeum 1

2 *weihe ich ...:* S. Einführung S. 36f.

CIL 14,3565 = CLE 1504 (hier abgedruckt nach A. Franzoi, Un inno epigrafico a Priapo (*CLE* 1504), Maia 56, 2004, 85–96 [dort S. 86f.], der die richtige Anordnung herstellte).

3 *Pan:* Zu CP 75,7.

6 *Heiliger:* S. Einführung S. 37.

11 *die Grazie und ihre beiden Schwestern:* Zu AP 6,292,4.

12 *Lyäus:* Zu CP 39,3.

29 *Avernus:* Die Unterwelt.

30 *der König:* Pluto(n).

PRIAP VON DER SPÄTANTIKE BIS IN DIE GEGENWART

Zur Rezeption des Gottes in Text und Bild

Das *Corpus Priapeorum* wurde nach seiner Entstehung im 2. Jahrhundert n. Chr. bis zum Ausgang der Antike kaum rezipiert und war dem Mittelalter nicht bekannt. Aber der bedeutende Schriftsteller und Gelehrte Giovanni Boccaccio (1313–1375) entdeckte es wieder, und es regte nach der ersten Drucklegung Ende des 15. Jahrhunderts vor allem in der frühen Neuzeit bis ins späte 18. Jahrhundert ebenso Literaten wie bildende Künstler zu konstruktiver Beschäftigung mit dem Text an. Vom 19. Jahrhundert an ging das Interesse an den Epigrammen und der Figur des Gottes stark zurück, aber es gab auch dann noch bemerkenswerte Fälle von literarischem ›Priapismus‹,[1] und seit Beginn unseres Jahrhunderts häufen sich die philologischen Untersuchungen. In der Spätantike, soweit sie nach wie vor dem alten Götterglauben verpflichtet war, sind meines Wissens nur zwei Reflexe der CP-Lektüre zu verzeichnen: Das Epigramm 14 wurde irgendwann in Capua auf eine Marmortafel übertragen (CIL 11,3682 = CLE 1505), und die sechs epigrammartigen erotischen Gedichte des Decimus Magnus Ausonius (ca. 310 – nach 393/94) über das schwäbische Mädchen Bissula enthalten mehrere Anspielungen auf das CP; gleich Nr. 2, das Widmungsgedicht an den Leser, ›zi-

1 Die folgenden Ausführungen fußen auf den S. 229 genannten Arbeiten von Ammer, Dräger, Femmel/Michel, Hausmann, Henkel, Höschele und Willenberg, insbesondere auf der umfassenden Monographie des Letztgenannten von 2010 mit ihren breiten Ausführungen, Textproben und Abbildungen (die leider kein Register erschließt; ein Defizit ist auch, dass die zitierten fremdsprachlichen Texte nicht übersetzt sind). Ich begnüge mich daher mit Hinweisen auf diese Quellen; was ich zitiere, ist alles im Internet bequem zugänglich.

tiert‹ V. 1f. von CP 1, ja die beiden ersten Wörter sind sogar identisch mit denen des Prätextes. Frühchristliche Auseinandersetzung mit Priap erfolgte öfter; hervorzuheben sind hier Aurelius Augustinus (354–430), der sich in *De civitate dei* (*Der Gottesstaat*) einige Male missbilligend darüber äußert, dass es noch einen Kult des Gottes gibt, und darüber Negatives berichtet, und Hieronymus, in dessen Bibelübersetzung, der *Vulgata*, 1. Kön. 15,13 so lautet:

> *insuper et Maacham matrem suam amovit ne esset princeps in sacris Priapi et in luco eius quem consecraverat subvertitque specum eius et confregit simulacrum turpissimum et conbusit in torrente Cedron.*
>
> (Überdies setzte er [König Asa] seine Mutter Maacha ab, damit sie nicht mehr bei den Ritualen Priaps und in seinem Hain, den sie geweiht hatte, Herrin sei, und er zerstörte dessen Höhle und zerbrach das höchst schändliche Standbild und verbrannte es im Bach Kidron.)

Im hebräischen Original geht es aber um eine Statue der Fruchtbarkeitsgöttin Aschera, nicht Priaps. Das wurde freilich erst seit dem 16. Jahrhundert korrigiert, nachdem der Rückgriff des Kirchenvaters auf den Namen des Gottes diesen ein Jahrtausend lang als besonders üblen Götzen hatte erscheinen lassen.

Das Mittelalter bezog sein Wissen über Priap aus den ihm zugänglichen antiken Dichtungen über den Gott sowie aus einer Szene der sehr beliebten *Historia Apollonii regis Tyri* (*Geschichte des Königs Apollonius von Tyrus*), in der von einer durch Seeräuber an einen Bordellwirt verkauften Jungfrau Tarsia verlangt wird, einen »goldenen, von Edelsteinen und Gold umrahmten« Priap anzubeten (Kap. 33). In William Shakespeares (1564–1616) Bearbeitung des Romans, *Pericles, Prince of Tyre*, fehlt die Szene zwar, aber über das dort Marina genannte Mädchen sagt jemand, sie könne Priap »zum Erkalten bringen« (IV 6: *she is able to freeze the god Priapus*). Von

Vergil und Ovid kannte Walahfrid Strabo (808/09–49), der Abt des Klosters Reichenau, den Gott, auf dessen »Bemühungen« um die Gartenpflege er sich ganz unbefangen in V. 3 seines Lehrgedichts *Liber de cultura hortorum*, kurz *Hortulus* (»Gärtchen«), beruft. Weder *Ecl.* 7,33–36 noch *Georg.* 4,110f. verriet ihm etwas über Priaps Phallus, aber er dürfte im Vergil-Kommentar des Servius zur zweiten Stelle den Hinweis auf die »Größe des männlichen Gliedes« des Gottes gefunden haben. Wenn er ihn immerhin *obscenus* nennt, bezieht er das offensichtlich von der knappen Erwähnung des Gottes in Ovids *Metamorphosen* (9,347), aber ob ihm die *Fasti* mit den zwei Versen über die vom Mond beleuchtete Erektion (1,437f.) vertraut waren, muss offenbleiben. Diesen Text hat man jedenfalls im Hoch- und Spätmittelalter viel gelesen, und er wirkte z. B. über die Rezeption der beiden Priap-Abschnitte durch Boccaccios *Teseida* auf eine Passage in *The Parlement of Foules* von Geoffrey Chaucer (1342/43–1400) zu dem *god Priapus ... with his ceptre in honde* (V. 253ff.). Ein weiteres ›Priap-Testimonium‹ benutzte Albertino Mussato (1261–1329) für das erste nachantike Priapeum, ein Gedicht von 78 Versen in elegischen Distichen, und er evoziert seinen Prätext gleich zu Beginn (V. 1–3):

Te rubicunde canam diis enumerate priape,
Te qui lascivi numen amoris habes
Et qui truncus eras ficulnus inutilis olim ...

(Dich, roter Priap, von den Göttern Auserlesener, der du die göttliche Macht der ausgelassenen Liebe hast und der du einst der unnütze Klotz eines Feigenbaums warst ...)

V. 3 stimmt fast wörtlich mit V. 1 von Satire 1,8 des Horaz überein, aber inhaltlich geht Mussato ganz andere Wege. Sein Gedicht ist durch und durch erotisch, indem es z. B. Stellungen beim Koitus oder eine Defloration zur Sprache bringt.

Nicht lange nach dem Tod Mussatos fertigte Boccaccio die Abschrift des CP von dem *Codex Laurentianus Plut. 33.31* an, unserem ältesten Manuskript des *libellus*. Es trägt den Titel *Diversorum auctorum Priapeia* (›Priapeen verschiedener Autoren‹), aber von zweiter Hand, welche die Zuweisung an Vergil wegkratzte. Wie immer diese aufgekommen war – von nun an hielt man sie bis ins 18. Jahrhundert hinein für zutreffend; Zweifler zogen Ovid oder Martial als Verfasser vor. Das CP wurde also in die meisten bis dahin publizierten Vergil-Ausgaben aufgenommen; 41 ausgewählte Gedichte stehen in der von Giannandrea de' Bussi 1469 besorgten Editio princeps, alle bis auf Nr. 5 und 63 in einer weiteren von 1471. Es begann eine rege Auseinandersetzung mit dem *libellus*, wobei sich Begeisterung mit moralischen Bedenken mischte; so soll der Jesuit Orazio Torsellini (1545–1609) zur Lektüre jedesmal niedergekniet sein und gebetet haben, seine Seele möge nicht befleckt werden. Dabei kamen von etwa 1475 bis 1606 sogar acht Kommentare zustande. Unter den frühen Vergil-Editionen befindet sich eine, 1502 in Straßburg erschienen, deren Herausgeber Sebastian Brant (1457/58–1521) nur CP 1 und 2 aufnahm und dies gegenüber den jungen, »moralisch unverdorbenen« Lesern ausführlich damit begründete, dass das CP wegen des darin enthaltenen Schmutzes verbrannt werden müsste. Priap ist gleichwohl auf einer der 214 berühmt gewordenen Holzschnittillustrationen nackt abgebildet; er hält zwar einen Zweig vor den Unterleib, aber um ihn herum sind einzelne Motive der unterdrückten Epigramme dargestellt. Schon das überrascht angesichts des christlichen Zeitgeistes, aber noch mehr ein Holzschnitt von etwa 1495 aus der Werkstatt von Albrecht Dürers Lehrer Michael Wolgemut (1434–1519). Darauf sieht man außer der Opferung eines Esels einen Mann auf einem Podest – offenbar Priap –, dessen Kopf ein großer Phallus verdeckt und der mit einem Seil nach Phalli angelt; sie liegen mit entblößter Eichel auf einer Wiese um das Podest herum (Willenberg 2010, Abb. 4 und 5).

An Freizügigkeit weit übertroffen wird der Holzschnitt durch einige vom CP inspirierte, im 15/16. Jahrhundert in Italien entstandene Gedichte verschiedener Autoren. Ihnen war 1424/25 eine bereits mehrfach auf Texte des *libellus* anspielende Sammlung größtenteils obszöner Epigramme unter der Überschrift *Hermaphroditus* vorausgegangen, geschrieben von Antonio Beccadelli (1394–1471), genannt Panormita. Während Priap darin nur einmal in 1,15 auftritt, sind die Gedichte späterer Autoren ganz auf den Gott konzentriert. Ich greife zwei von ihnen heraus. Das eine, eine 46 Verse umfassende Elegie von Pacifico Massimo (1400 – ca. 1500) mit dem Titel *Ad Priapum*, knüpft offenkundig an CP 37 an, das Gebet eines am Penis Verletzten zu dem Gott. Hier sieht der Sprecher sich sogar vom Abfallen seines (personifizierten) *priapus* bedroht, da dieser Eiter ausscheidet und *ulcera* die Eichel bedecken, vermutlich aufgrund einer Geschlechtskrankheit. Priap soll Heilung bringen, und über deren Erfolg kann der Sprecher sich schon gegen Ende des Gedichts freuen sowie über das, was jetzt, wo sein von der Krankheit nichts mehr spürender »Schwanz« (*mentula*) noch besser »hüpft« (*salit*) als vorher, wieder möglich ist (V. 45f.):

> *Illa salit: quicunque puer, quaecunque puella*
> *Occurret, certum est hanc recacare trabem.*

> (Der hüpft: Welcher Knabe auch immer, welches Mädchen auch immer mir begegnen wird, kackt, das ist sicher, meinen Balken zurück.)

Wir haben es mit einem sogenannten ›mimetischen‹ (weil eine Handlungsentwicklung nachzeichnenden) Gedicht, bei *Formica* (*Ameise*) von Giovanni della Casa (1503–56) mit einem erzählenden Poem, gleichfalls in elegischen Distichen, zu tun. Darin steht, dass Venus, neben ihrem Mars schlafend, von einer Ameise in den After gebissen wird. Weil sie hochschreckt und Mars verwirrt sein Schwert zückt, argwöhnt Phöbus eine Bedrohung der Göttin – er hat offenbar Homer, *Odyssee* 8,266–366 nicht gelesen – und eilt Venus zusammen mit Jupiter und Ceres zu Hilfe. Als nun die in Angst versetzte

Ameise der Liebesgöttin in den Hintern kriecht, sie innen blutig beißt und weder Jupiters Geschosse noch Mars' Schwert etwas dagegen unternehmen können, kommt *last minute rescue* (V. 17–20):

Ecce Priapus adest. solus tulit ille salutem:
Apta ministerio mentula sola fuit;
Quam Deus hortorum Veneris dum fixit in anum,
E culo hærentem traxit ab ore feram.

(Siehe, Priap ist da. Er allein bringt Rettung: Geeignet für den Dienst war sein Schwanz allein. Während den der Gott der Gärten in den After der Venus bohrte, zog er aus dem Arschloch das an der Eichel hängende Biest.)

Die Tatsache, dass Venus innerlich blutet, gibt Gelegenheit zu einem doppelten Aition (Ursprungssage): Der Phallus Priaps und die Ameise sind seitdem rot gefärbt. Wundert man sich darüber, dass der Autor der 28 Verse Erzbischof von Benevent, päpstlicher Nuntius beim Trienter Konzil und Begründer der Inquisition in Venedig war sowie Bücher indizieren ließ? Vielleicht nicht so sehr wie über Wolgemuts Holzschnitt, der im gegen Ende des Quattrocento besonders frommen Nürnberg entstand. Dort las nachweislich um 1533 der brave Hans Sachs (1494–1576) in Sebastian Francks (1499–1542) *Cronica, Zeitbůch vnd geschychtbibel von anbegyn biß inn diß gegenwertig A. D xxxi. jar.* (Straßburg 1531) und reagierte sicher sittlich entrüstet auf folgende Stelle:

Nun vom Priapo/ was ist ye vnzichtigers/ thorechters fürgenummen worden/ dann das ein junckfraw ein braut/ einem nackenden schendlichen bild/ auff sein entblößt scham sol sitzen/ vnd dem frechen mannlichen glid ein krantz auffsetzen (Bl. xcviij^{r}).

Franck hatte sich das nicht ganz korrekt aus Augustin, *Gottesstaat* 6,9 und 7,21 zusammengereimt, und vor ihm schon Martin Luther beim Abfassen seiner Schrift *Wider den falschgenannten gaystlichen stand des Bapsts vnd der Bischofe* (Wittenberg 1522, dort Bl. C i[r]): Für ihn entsprach diesem *abgott* Priap die Lehre des Papstes und seiner Anhänger, da sie *ain vnuerschempt bild der gaystlichen vnkeüschait* sei, und so kam er zu dem Schluss, *das man den Bapst/ nit Bapst sonder priapus vnd die Papisten nit Papisten sonder priapisten nennen solt* (C iij[r]). Wir befinden uns mit Franck und Luther wie mit Giovanni della Casa im 16. Jahrhundert, aber eine größere Diskrepanz als zwischen diesem Verhältnis zu dem heidnischen Gott und dem Umgang der italienischen Autoren obszöner Gedichte mit ihm ist schwerlich denkbar. Um noch kurz im Cinquecento zu bleiben: Ein bekanntes Ölgemälde Giovanni Bellinis (ca. 1437–1516) von 1514, das erst Dosso Dossi (ca. 1469–1542), dann Tizian (1488/90–1576) übermalte, zeigt zwölf Personen beim Mahl im Freien und rechts im Bild eine schlafende Frau, der ein Mann das Kleid vom Unterleib wegzieht. Hier könnte es sich um die Darstellung eines der beiden Götterfeste in Ovids *Fasti* (1,391ff.; 6,319ff.) handeln, bei dem Priap jeweils einen Vergewaltigungsversuch unternimmt. Aber die Kunsthistoriker sind sich nicht einig, ob das potentielle Opfer Lotis oder Vesta sein soll, und die *Fasti* als Vorlage werden auch bestritten (Willenberg 2010, Abb. 33 und 34).

Nachdem schon im 16. Jahrhundert im Zusammenhang mit Priap erste Texte in der Volkssprache entstanden waren, wurde das Lateinische im Laufe des Seicento ganz verdrängt. Als Beispiel für ein barockes deutsches Priapeum sei eines betrachtet, das Kaspar von Stieler in seiner 1660 unter dem Pseudonym Filidor der Dorfferer erschienenen Lyrik Sammlung *Geharnschte Venus oder Liebes-Lieder im Kriege gedichtet* als zweites Widmungspoem an die Spitze der Priap thematisierenden letzten Gedicht-Dekade setzt. Er dediziert es *Dem Ungehobeltem und Nakkendem Garten-Gözzen Priapus*, hat aber nichts Nacktes zu bieten, sondern nach der Ankündigung eines Opfers eine kombinierte Bearbeitung von Ps.-Vergil, *Catalepton* 1 und dem Anfang der Tibull-Elegie 1,4. Aus dem ersten von zwei Distichen des Epigramms, in denen Priap sagt, was ihm die vier Jahreszeiten bringen, werden die Verse 5b–14 Stielers, und Tibulls ersten drei Distichen entsprechen die deutschen Verse 15–24, die auf Stielers Bezeichnung seiner »Reime« als »schlecht« folgen. Hier die beiden Passagen im Vergleich (zur deutschen Übertragung von Tib. 1,4,1–6 s. S. 135):

'Sic umbrosa tibi contingant tecta, Priape,
ne capiti soles, ne noceantque nives:
quae tua formosos cepit sollertia? certe
non tibi barba nitet, non tibi culta coma est,
nudus et hibernae producis frigora brumae,
nudus et aestivi tempora sicca Canis.'

Nimstu sie gütig an: so sollen deine Bäume
vor Wurm und Donnerschlag und Dieben sein befreyt/
Es soll die Schlangen-Zucht auß deiner Hütten weichen
kein Dorn noch Nessel-strauch verlezzen deine Brust/
ein dikk-beschattend Laub soll dir Beschirmung reichen
vor aller Sonnenhizz und schaffen kühle Lust/
der Nordwind sol dich nie mit rauhem Schnee bewehen/
es soll kein Zapffen-eyß beschweren deinen Bart/
du sollst den Zedern gleich die feulung überstehen
und halten in der Gluht auß auff Demanten-Art.

Zwar ist wie bei Stieler schon bei Tibull vom Phallus Priaps nicht die Rede, aber der Elegiker leitet durch seine Verse den Vortrag des Gottes über die Kunst der Päderastie ein. Außerdem verwendet er zweimal am Versbeginn exponiertes *nudus,* während Stieler auf *nakkend* in der Überschrift überhaupt nichts mehr folgen lässt, was Erotik auch nur andeutet. Da viele gebildete Zeitgenossen den Prätext erkannt haben dürften, vermute ich, dass der deutsche Dichter indirekt seinen betonten Verzicht auf die Charakterisierung Priaps als Gott der körperlichen Liebe zum Ausdruck bringen wollte.

In diametralem Gegensatz dazu steht die *Ode à Priape*, die der Jurist Alexis Piron (1689–1773) mit 21 Jahren verfasste. Darin wird der Gott zunächst lediglich als Inspirationsgott angerufen, der »für einen Moment das Feuer seiner Hoden in die *veine*« des Dichters tragen möge; das französische Wort soll vielleicht wie das lateinische Äquivalent *vena* sowohl die ›poetische Ader‹ als auch den Penis des Sprechers bezeichnen. Dieser erwähnt den Gott dann noch einmal im 25. von 160 in 16 Strophen gegliederten Versen; dort weiht er ihm einen Tempel. Ansonsten geht es im gesamten Text nur um ›das Eine‹ in Varianten, und zu dessen Schilderung verwendet Piron ständig obszöne Wörter. Hier Strophe 7 als Beispiel:

Cependant Jupin dans l'Olympe,
Perce des culs, bourre des cons;
Et Neptune au fond des eaux, grimpe
Nymphes, syrènes et tritons;
L'ardent fouteur de Proserpine
Semble dans sa couille divine
Avoir tout le feu des enfers.
Amis, jouons les mêmes farces;
Foutons, tant que le con des garces,
Ne nous foute l'âme à l'envers.

(Doch Jupiter auf dem Olymp bohrt in die Arschlöcher, verstopft die Fotzen; und Neptun in der Tiefe des Wassers besteigt die Nymphen, Sirenen und Tritone; der heiße Ficker Proserpinas [Pluto] scheint in seinen göttlichen Hoden das ganze Feuer der Hölle zu haben. Freunde, lasst uns dieselben Streiche spielen; lasst uns ficken, solange uns nicht die Fotze der Weiber die Seele ins Gegenteil verfickt.)

Die in der Strophe vorliegende Struktur einer Priamel, bei der eine Aufzählung in eine oft auf den Sprecher bezogene Pointe mündet, erinnert in gewisser Weise an die vier Epigramme des CP, in denen

Priap zunächst Götter zusammen mit etwas für sie Charakteristischem aneinanderreiht und dann seinen Phallus dagegenhält (9, 20, 36, 39); hier wendet das französische Ich sich nach den Unsterblichen, die es munter treiben, seinen Freunden zu und fordert sie auf, ein Gleiches zu tun. Dass Piron klassisch gebildet war, kann man in dieser Strophe daran ablesen, dass er die drei göttlichen Brüder, die in der mythischen Überlieferung die drei Bereiche der Welt unter sich aufteilen, zusammen nennt. Er könnte also auf den genannten Gedichttyp anspielen. Seine Verse haben ihn freilich in Schwierigkeiten gebracht: Nicht nur verlor er acht Jahre nach der Publikation der Ode seine Stelle als Anwalt in Besançon, sondern er scheiterte auch mit zwei Anträgen auf Mitgliedschaft in der *Académie française*. Doch er besaß genug Humor, Folgendes auf seinen Grabstein schreiben zu lassen:

Ci-git Piron, qui ne fut rien
Pas même académicien.

Gegen Ende des 18. Jahrhunderts interessierten sich zwei Klassiker der deutschen Literatur für das CP: Gotthold Ephraim Lessing (1729–81) und Johann Wolfgang von Goethe (1749–1832). Lessing begnügte sich damit, in Abschnitt IV von *Zersteute Anmerkungen über das Epigramm* (1771) seine textkritischen Beobachtungen zu einzelnen Gedichten des CP zu notieren. Er zog dazu außer einer der Handschriften der herzoglichen Bibliothek in Wolfenbüttel, die er 1770–81 betreute, den Breslauer *Codex Wratislaviensis Rehdigeranus 60* heran. Da er sich mit den »unsaubern Thorheiten«, wie er die Epigramme des CP einleitend nennt, nur wissenschaftlich auseinanderzusetzen bereit war, fühlte er, der selbst zur Gattung Epigramm beitrug, sich durch die Priapeen offensichtlich nicht zur Nachschöpfung angeregt.

Umso mehr dagegen Goethe. Bei ihm begegnet uns der Gartengott erstmals in der zunächst mit *Erotica Romana* überschriebenen und bei der Veröffentlichung in Friedrich Schillers Zeitschrift *Die*

Horen im Jahre 1795 dann *Römische Elegien* genannten Gedichtsammlung. Goethe verfasste sie 1789/90 nach seiner Rückkehr von seiner ersten italienischen Reise, schloss aber vier der insgesamt 24 Texte von der Publikation aus. Zwei davon hatte Schiller als nicht druckfähig beanstandet, und zwei weitere, beides Priapeen und dem Freund wohl gar nicht vorgelegt, fand man im Nachlass; die vier Gedichte lernte die Welt erst im Jahre 1914 in Band 53 der Weimarer Ausgabe kennen. Wo der Dichter sie innerhalb der Sammlung hätte platzieren wollen, lässt sich nicht sagen. Das eine von beiden, in dem Priap vom Sprecher angeredet wird, steht in dem postum entdeckten Autograph als Nr. 3 hinter den von Schiller abgelehnten Elegien und vor einem von Priap gesprochenen Gedicht. Man könnte sich die zwei Texte in der vorgegebenen Reihenfolge gut als Prolog und Epilog der *Römischen Elegien* vorstellen. Die erste der beiden Elegien ist deutlich metapoetisch konnotiert und kann deshalb als Programmgedicht interpretiert werden; sie lautet:

> *Hier ist mein Garten bestellt, hier wart ich die Blumen der Liebe,*
> *Wie sie die Muse gewählt weislich in Beete verteilt.*
> *Früchte bringenden Zweig, die goldenen Früchte des Lebens,*
> *Glücklich pflanzt ich sie an, warte mit Freuden sie nun.*
> *Stehe du hier an der Seite Priap! ich habe von Dieben*
> *Nichts zu fürchten und frei pflück und genieße wer mag.*
> *Nur bemerke die Heuchler, entnervte, verschämte Verbrecher;*
> *Nahet sich einer und blinzt über den zierlichen Raum,*
> *Ekelt an Früchten der reinen Natur, so straf ihn von hinten*
> *Mit dem Pfahle der dir rot von den Hüften entspringt.*

Es liegt nahe anzunehmen, dass der *Garten* für das Gedichtbuch und die von der Muse ausgewählten *Blumen der Liebe* für die einzelnen Elegien stehen. Da *die goldenen Früchte des Lebens* offensichtlich metaphorisch zu interpretieren sind, wird man auch das, was die Verse über potentielle Eindringlinge in den Garten sagen, nicht wörtlich im Sinne der Gattungstradition nehmen, sondern auf die Leser beziehen. Der antike Priap geht ja nie so weit, *frei pflück und genieße wer mag* zu verkünden, und so dürften mit denen, die ›mögen‹, die Leser gemeint sein, die sich an freizügiger erotischer Poesie erfreuen, mit den Heuchlern dagegen prüde Moralisten, die Priap von der Lektüre fernhalten soll; dass ihn der Sprecher dazu auffordert, nun wieder seine bekannte Strafmethode anzuwenden, bewirkt, da ganz traditionell-priapeisch formuliert, dass die epigrammartige Elegie in eine witzige Pointe ausläuft.

Das zweite Gedicht eignet sich schon deshalb als Epilog, weil Priap redet, in dem man einen Repräsentanten des unverhüllten Eros sehen darf; zudem konnte im frühneuzeitlichen Drama eine Figur, die nicht in die Handlung integriert war – diese würde hier durch die Liebeserfahrungen der Persona Goethes konstituiert –, Prolog und Epilog oder nur den Epilog sprechen. Priap berichtet, er habe *hinten im Winkel des Gartens* als *der letzte der Götter* gestanden, sei dort verkommen, mit Unflat besudelt worden und verfault, dann aber sei ihm von dem *redlichen Künstler*, den er apostrophiert, der ihm gebührende Platz gegeben worden. Damit will er vermutlich sagen, der Dichter habe ihn, der bisher obszöne Poesie personifiziert hatte, als Gott erhöht, also zum Liebesgott. Dass diese Funktion, die Priap schon in der Antike zugewiesen war, gemeint ist, darf man aus den letzten drei Distichen heraushören (17–22):

Nicht das Mädchen entsetzt sich vor mir, und nicht die Matrone,
Häßlich bin ich nicht mehr, bin ungeheuer nur stark.
Dafür soll dir denn auch halbfußlang die prächtige Rute
Strotzen vom Mittel herauf, wenn es die Liebste gebeut,
Soll das Glied nicht ermüden, als bis ihr die Dutzend Figuren
Durchgenossen wie sie künstlich Philänis erfand.

Das klingt auf den ersten Blick derb und erinnert an die Diktion des CP – *halbfußlang* ›zitiert‹ *pedali*[*s*] (›fußlang‹) in CP 11,3 –, aber schaut man zurück auf *frei pflück und genieße wer mag* in der ersten Priap-Elegie, wird man V. 19–22 so verstehen, dass die Lektüre der freizügigen erotischen Elegien Leser und Leserinnen dazu frei gemacht hat, Sex wirklich in vollen Zügen zu genießen.

Im Februar 1790, also zu der Zeit, als er die *Römischen Elegien* schrieb, beschäftigte Goethe sich wie Lessing philologisch mit den Priapeen, indem er Einzelne von ihnen kommentierte, u. a. textkritisch. Diese Erläuterungen sind auf Lateinisch verfasst und an Goethes Freund und ›Dienstherrn‹ Herzog Carl August von Sachsen-Weimar-Eisenach gerichtet. Goethe äußert sich darin außer zu CP 27, 46, 54, 73, 74, 77, 80, Martial 8,40 und Ps.-Vergil, *Catalepton* 3 auch zu dem langen Epigramm 68; man ist einigermaßen erstaunt, dass der Dichter den parodistischen Witz des höchst geistreichen Gedichtes offenbar nicht verstanden hat. Hervorgehoben sei, dass er zu dem Buchstabenrätsel in 54 die ›Lösung‹ in Form eines Piktogramms lieferte:

An bildlichen Darstellungen Priaps mit seinem großen Phallus war Goethe sehr interessiert. Sie gehörten zu den Gemmen, Druckgraphiken, Zeichnungen, Majolika und Kleinbronzen, die sich im Laufe der Jahre bei ihm ansammelten; Gerhard Femmel und Christoph Michel haben, was ihnen davon noch identifizierbar schien, in einem Katalog zusammengetragen (s. S. 229). Besonders obszön ist eine Zeichnung von unbekannter Hand, die zeigt, wie ein junger Mann in Kavalierskleidung, dem Betrachter zugewandt, von einer Priap-Herme anal penetriert wird. Ob das Bild eine Vergewaltigung zeigt, erscheint fraglich, da, wie man sieht, Stock, Dreispitz und Degen vorher neben der Herme ordentlich abgelegt wurden (Femmel/Michel Abb. 6; Willenberg 2010, Abb. 82). Manche Opfer der ›Bestrafung‹ durch Priap lassen sie ja im CP gerne an (bzw. in) sich vollziehen.

Wie unter den *Römischen Elegien*, so befinden sich auch unter den *Venezianischen Epigrammen* mehrere, welche die Öffentlichkeit erst nach Goethes Tod kennenlernte, und auch in diesem Falle ist eine Rekonstruktion der Reihenfolge, in der alle Gedichte vielleicht hätten angeordnet werden sollen, nicht möglich. Andreas Ammer unterscheidet aufgrund des handschriftlichen Befundes ein Buch mit 96 und ein weiteres mit 40 Epigrammen, in die er zwei auf Priap bezogenen Texte integriert. Das eine, seine Nr. ⟨I. 69⟩, zitiere ich in der Einführung S. 38; in dem anderen, Nr. ⟨I. 22⟩, berichtet der Sprecher über das Verhalten einer jungen Frau, die im Markusdom in Venedig nach dem Anblick der darin aufbewahrten Reliquien verlangt, und äußert sich ›kritisch‹ dazu:

Heraus mit dem Theile des Herrn! heraus mit dem Theile des Gottes
Rief ein unglücklich Geschöpf blind für hysterischer Wuth
Als die heiligen Reste Gründonnerstag Abends zu zeigen,
In Sanct Markus ein Schelm über der Bühne sich wies.
Armes Mädchen was soll dir ein Theil des gekreuzigten Gottes?
Rufe den heilsamern Theil jenes von Lampsacus her.

Hier geschieht es offenbar aus Frivolität, dass der heidnische Gott dem Gottessohn der Christen gegenübergestellt wird. In der 1923 uraufgeführten dreiaktigen Tragödie *Der deutsche Hinkemann* des Expressionisten und Sozialisten Ernst Toller (1893–1939) bekennt sich der Protagonist contra Christus zu Priap. Nachdem der heidnische Gott im 19. Jahrhundert nicht mehr durch Literaten rezipiert worden war, eröffnet Tollers Stück eine kleine Reihe von Dichtungen des 20. Jahrhunderts, in denen Priap wieder eine Rolle spielt; zwei weitere deutsche Autoren, Bertolt Brecht (1898–1956) und Peter Hacks (1928–2003), sind wie Toller ideologisch dem Kommunismus verbunden. In Tollers Drama kehrt der Arbeiter Eugen Hinkemann einbeinig und mit zerschossenen Genitalien aus dem Krieg zurück und ist sich deshalb der Liebe seiner Frau Grete nicht sicher; um immerhin von etwas leben zu können, tritt er in einer Schaubude auf dem Rummelplatz auf. Gleichzeitig betrügt Grete ihn mit seinem Freund, der wie er einen sprechenden Namen trägt: Paul Großhahn.

Es kommt im Laufe des Bühnengeschehens sogar dazu, dass der Rivale ihn in einem Wirtshaus wegen seiner Verkrüppelung verspottet, damit angibt, dass er Grete verführt habe, und behauptet, diese habe über ihren Mann gelacht. Daraufhin kauft sich Hinkemann auf dem Weg nach Hause eine bronzene Priap-Statue, über die er vom Verkäufer erfährt, in der Antike hätten Männer und Frauen eine solche angebetet, und das treibt ihn daheim zu dem Ausruf:

> *Es ist kein Gott außer dir. Wie sie sich belügen und betrügen und sich weismachen, sie beten den Gekreuzigten an. Zu dir beten sie. Jedes Ave ist dir geweiht, jedes Vaterunser ein Rosenkranz um deine Nacktheit, jede Prozession ein Tanz zu deinen Ehren! Du trägst keine Maske, du hüllst dich nicht in heuchlerische Worte, du bist das A und O, der Anfang und das Ende, du bist die Wahrheit, du bist der Gott der Völker* (Akt III, 2. Szene).

Einen Tanz legt Hinkemann dann selbst vor Priap hin, worauf Grete erscheint und ihn um Verzeihung bittet, aber abgewiesen wird. Als sie die Bühne verlassen hat – sie nimmt sich danach das Leben –, wirft Hinkemann die Priap-Statue in den Herd. Das erinnert daran, dass der Gott in Ps.-Vergil, *Catalepton* 1 fürchtet, als Brennholz zu enden, und ihm dies Schicksal für den Fall, dass er zu wenig wachsam ist, in Martial 8,40 angedroht wird. Ob Toller das gewusst hat und, wenn ja, darauf anspielt, halte ich für zweifelhaft, da das Stück keinerlei Bezüge zu priapeischen Prätexten enthält.

Brecht dagegen lässt in seinem Drama *Leben des Galilei* von 1943 die Figur, die auf Priap zu sprechen kommt, sogar direkt die antike Quelle ihres Wissens über den Gott nennen. Doch ehe wir uns der betreffenden Szene zuwenden, seien zwei Gedichte in den Blick genommen, die früher publiziert wurden, das erste ein Jahr vor der Uraufführung von Tollers *Hinkemann* in einem Lyrikband: *Priapus in the Pool*, mit dem der amerikanische Schriftsteller Conrad Potter Aiken (1889–1973) seine gleichnamige Gedichtsammlung eröffnet. In dem symbolistischen Poem steht der *pool of mysteries* für unser

Dasein, und eines der Geheimnisse, die den »ich« Sagenden bewegen, formuliert er etwa in der Mitte durch folgende Frage:

> … *Must we always, like Priapus in a wood,*
> *In the underbrush of our perplexities,*
> *Pursue our maidens--pursuer and pursued?*

Ungefähr ein Jahrzehnt zuvor hatte H. D. (Hilda Doolittle, 1886–1961), eine mit Ezra Pound befreundete, ebenfalls aus den USA stammende Schriftstellerin, die viel aus dem Griechischen übersetzte, Priap direkt angesprochen. Das geschah in ihrem Gedicht *Priapus*, welches sie später in *Orchards* umbenannte. Darin fleht ihre Persona im Gebet an den Gott zweimal: *Spare us from loveliness*. Diese ist nun einmal vergänglich, worüber *beauty*, hier die von *fruit-trees*, offenbar nicht hinwegtäuschen soll, und so gelobt sie als Opfer für die Verschonung:

> *The fallen hazel-nuts,*
> *Stripped late of their green sheaths,*
> *The grapes, red-purple,*
> *Their berries dripping with wine,*
> *Pomegranates already broken,*
> *And shrunken fig,*
> *And quinces untouched,*
> *I bring thee as offering.*

Da der Gartengott Früchte normalerweise nicht gebracht bekommt, sondern er darüber wachen muss, dass keine gestohlen werden, entfernt sich das Gedicht denkbar weit von der antiken Priap-Poesie, aber gerade das soll der Leser vermutlich wahrnehmen.

Für Brechts Galilei ist Priap wie für Tollers Hinkemann eine Gegenfigur, diesmal zu den Klerikern der katholischen Kirche, mit deren Dogmen die Entdeckungen des Physikers nicht im Einklang stehen. Gerade wurde die Lehre des Kopernikus auf den Index gesetzt, als Galilei mit einem ›kleinen Mönch‹, der Priester und Naturwissenschaftler zugleich ist, in einen Dialog eintritt (8. Bild). Darin verweist er auf eine Priap-Statue und sagt: *Der Gott der Gärten, der Vögel und der Diebe, der bäurische obszöne Zweitausendjährige! Er hat weniger gelogen.* Damit dürfte er meinen, dass der Gott ehrlicher gewesen sei als die offiziellen Vertreter des christlichen Glaubens. Dann kommt er auf eine Priap-Dichtung zu sprechen:

> *Aber kennen Sie die achte Satire des Horaz? Ich lese ihn eben wieder in diesen Tagen, er verleiht einiges Gleichgewicht.* Er greift nach einem kleinen Buch. *Er lässt eben diesen Priap sprechen, eine kleine Statue, die in den Esquilinischen Gärten aufgestellt war. Folgendermaßen beginnt es:*
>
> *»Ein Feigenklotz, ein wenig nützes Holz*
> *War ich, als einst der Zimmermann, unschlüssig*
> *Ob einen Priap machen oder einen Schemel,*
> *Sich für den Gott entschied ...«*
>
> *Meinen Sie, Horaz hätte sich etwa den Schemel verbieten und einen Tisch in das Gedicht setzen lassen?*

Nach Meinung Galileis hätte Horaz es also nicht hingenommen, dass man ihn zensiere und ihm in diesem Sinne das Aussprechen der Wahrheit verbiete, in Galileis Fall einer durch Empirie gewonnenen naturwissenschaftlichen Wahrheit.

Schließlich zu Peter Hacks. Im Werk des Schriftstellers, der aus ideologischer Überzeugung und Verehrung für Brecht ein Jahr vor dessen Tod nach Ost-Berlin übersiedelte, spielen die Bearbeitungen antiker Stoffe eine dominierende Rolle. Das betrifft vor allem seine Dramen; am bekanntesten ist das erste, seine Adaption des aristophanischen *Friedens*, bei dessen Uraufführung im Berliner *Deutschen Theater* am 14. Oktober 1962 das Publikum 45 Minuten lang applaudierte. Doch auch in seiner Lyrik griff Hacks immer wieder auf Griechisch-Römisches zurück. Dass er gleich zwei Priap-Gedichte schrieb, dürfte im Zusammenhang damit zu sehen sein, dass in dem ummauerten Garten seiner Villa eine Priap-Skulptur stand, deren erigierter Phallus in Richtung des Arbeitszimmers wies. Wie bei Goethe in den *Römischen Elegien* wird das eine der beiden Gedichte zu Priap gesprochen, das andere über ihn. Unter der Überschrift *Priapos* fragt der »ich« Sagende zunächst den Gott, was ihm abgehe, so dass er, mit Manneskraft optimal ausgestattet, eher ausgelacht als begehrt werde (1–4a). Als Beleg für das Gesagte bekommen wir dann Ovid, *Fasti* 1,391–440 über den durch das Iah eines Esels vereitelten Versuch Priaps, die schlafende Lotis zu vergewaltigen; den Schluss hat Hacks dahingehend erweitert, dass die Nymphe noch *schlimmer* schreit als das Grautier (4b–13a). Der Sprecher bedauert Priap, weil dieser nicht den Gürtel seiner Mutter (Aphrodite/Venus) geerbt habe – damit könnte er sich unwiderstehlich machen – *und nicht des Vaters*, also des Dionysos/Bacchus, *überredenden Trank*, sondern nur seine *Stärke* vor Augen habe (13b–16). Das Gedicht schließt mit der für den Gartengott daraus zu ziehenden Lehre:

> *Merke: Frauen sind wie die Welt. Ihre Lust*
> *Auf Lust ist klein. Ihr nötigstes Glück, man muß*
> *Es ihnen erst in die Seele schwatzen. Sonst*
> *Nur immer sagen sie: Laß, es tut mir weh.*
> (Werke, Bd. 1, Berlin 2003, S. 413).

Das ist, was das skizzierte Frauenbild betrifft, zweifellos sexistisch gedacht, aber es geht ja primär darum, zu sagen, dass ein erigierter Phallus nicht allein zum Erfolg in der Liebe verhelfen könne.

Alle bisher betrachteten Dichtungen des 20. Jahrhunderts, die von Priap ihren Ausgang nehmen, enthalten Reflexion über Gott und die Welt, weshalb ihnen Komik weitgehend fehlt. Diese darf freilich als ein ganz wesentliches Element vor allem des CP gelten, aber auch der meisten uns überlieferten Dichtungen mit dem Gott im Zentrum. Das zweite von Hacks' Priapeen mit dem Titel *Auf einen bronzenen Gartengott von Salow* ist jedenfalls ausgesprochen witzig. Das wird metrisch-stilistisch dadurch unterstützt, dass es aus vierhebigen Trochäen und Reimpaaren besteht und an die Verse Wilhelm Buschs zu seinen Bildergeschichten erinnert. Es hat zudem einen autobiographischen Hintergrund, zumindest insofern, als mit der Bronzestatue diejenige gemeint sein müsste, die Hacks' Garten ›bewachte‹, und mit Salow der Bildhauer Manfred Salow (geb. 1943). Da das Gedicht insgesamt den Geist der Epigramme des CP atmet, sei der vollständige Text an das Ende dieser Übersicht über die in meinen Augen interessantesten Zeugnisse der mittelalterlichen und neuzeitlichen Rezeption von Priap-Figur und antiker Priap-Poesie gesetzt:

Priapos steht ohne Hosen
Zwischen Buchs und Hochstammrosen.
Seine Beine eine Stele,
Daß das Ornament nicht fehle.
Aber dann aus feisten Hoden
Überragt den Gartenboden
Unermüdlich seine Rute.
Damit segnet uns der Gute.

Unserm Gärtner, dem obläge,
Der Figur zum Zweck der Pflege
Ihre Wölbungen und Höhlen
Mit dem Lappen einzuölen,
Wirds, wenn er zur Mitte reinlich
Sorgend vordringt, immer peinlich.
In ihm schwillts zum Haß, zum fixen,
Einem Mann den Schwanz zu wichsen.

Und er hat sein Weib gebeten,
Ihn beim Wichsen zu vertreten.
Die, unangefochten fröhlich,
Reibt dem Gott die Eichel ölig.

Abends liegt sie noch wie schwebend,
Das Begebnis nacherlebend,
Leise zieht durch ihr Gemüt
Die Kontur von seinem Glied
(Werke, Bd. 1, Berlin 2003, S. 278).

BIBLIOGRAPHIE

1. *Thematisch übergreifend zu Priap und Priap-Dichtungen*

a) Zweisprachige Ausgabe

Carmina Priapea. Gedichte an den Gartengott. Ausgewählt und erläutert von B. Kytzler. Übersetzt von C. Fischer, Zürich/München 1978 (Bibliothek der Alten Welt).

b) Untersuchungen

Herter, H.: De Priapo, Gießen 1932 (Religionsgeschichtliche Versuche und Vorarbeiten 23).

– Priapos, Realencyclopädie der classischen Altertumswissenschaft 22,2, 1954, 1914–1942.

Hunt, A.: Priapus as Wooden God: Confronting Manufacture and Destruction, Cambridge Classical Journal 57, 2011, 29–54.

Kellum, B.: Weighing in: The Priapus Painting at the House of the Vettii, Pompeii, in: D. Dutsch/A. Sutter (Hgg.): Ancient Obscenities: Their Nature and Use in the Ancient Greek and Roman World, Ann Arbor 2015, 199–224.

Obermayer, H. P.: Martial und der Diskurs über männliche »Homosexualität« in der Literatur der frühen Kaiserzeit, Tübingen 1998 (Classica Monacensia 18).

O'Connor, E. M.: Symbolum Salacitatis: A Study of the God Priapus as a Literary Character, Frankfurt a. M. [et al.] 1989 (Studien zur Klassischen Philologie 40).

– *Carminis incompti lusus*: The *Carmina Priapea*, in: Christer Henriksén (Hg.): A Companion to Ancient Epigram, Hoboken 2019, 541–556.

Richlin, A.: The Garden of Priapus: Sexuality and Aggression in Roman Humor, New York/Oxford ²1992.

Stewart, P.: Fine Art and Coarse Art: The Image of Roman Priapus, Art History 20, 1997, 575–588.

Uden, J.: The Vanishing Gardens of Priapus, Harvard Studies of Philology 105, 2010, 189–219.

2. *Corpus Priapeorum*

a) Bibliographie

Holzberg, N.: Carmina Priapea. Eine Bibliographie, München 2021 [http://www.niklasholzberg.com/bibliographien.html]

a) Ausgaben, Übersetzungen, Kommentare, Konkordanz

Vollmer, F.: Poetae Latini minores. II 2: Ovidi Nux. Consolatio ad Liviam. Priapea, Leipzig ²1923 (Bibliotheca Teubneriana).

Callebat, L.: Priapées. Texte établi, traduit et commenté. Étude métrique par Jean Soubiran, Paris 2012 (Collections des Universités de France. Série Latine 402).

Goldberg, C.: Carmina Priapea. Einleitung, Übersetzung, Interpretation und Kommentar, Heidelberg 1992 (Wissenschaftliche Kommentare zu griechischen und lateinischen Schriftstellern).

Hooper, R. W.: The Priapus Poems, Urbana/Chicago, IL 1999.

Parker, W. H.: Priapea: Poems for a Phallic God. Introduced, Translated and Edited, with Notes and Commentary, London/Sydney 1988.

Morgenroth, H./D. Najock: Concordantiae in Corpus Priapeorum et in Pervigilium Veneris, Hildesheim [et al.] 1983.

b) Untersuchungen

Biville, F./E. Plantade/D. Vallat (Hgg.): »Le vers du plus nul des poètes ...« Nouvelles recherches sur les *Priapées*, Actes de la journée d'étude organisée le 7 novembre 2005 à l'Université Lumière-Lyon 2, Lyon 2008 (Collection de la Maison de l'Orient et de la Mediterranée 38. Série littéraire et philologique 11).

Buchheit, V.: Studien zum Corpus Priapeorum, München 1962 (Zetemata 28).

– Varia Priapea, Hermes 125, 1997, 367–373.

– Einheit und Zeit der *Carmina Priapea*, Hermes 135, 2007, 74–79.

Chappuis Sandoz, L.: L'image de la femme dans les Priapea, Museum Helveticum 63, 2006, 115–126.

– *Priapus formosus*: Denkt Priap über Lexik, Form und Gestalt nach?, Rheinisches Museum 154, 2011, 87–110.

– *Horto carmina digna, non libello*: Von Gartendichtung zum Buch, in: C. Ritter-Schmalz/M. Schwitter (Hgg.): Antike Texte und ihre Materialität, Berlin/Boston 2019 (Materielle Textkulturen 27), 239–258.

Dehon, P.-J.: Priape et les quatre saisons: un élément pour la chronologie des *Priapea*, Paideia 73, 2018, 391–406.

Elomaa, H. E.: The Poetics of the Carmina Priapea, Diss. Univ. of Pennsylvania 2015. [https://repository.upenn.edu/cgi/viewcontent.cgi?article=3484&context=edissertations]

Gärtner, T.: Untersuchungen zur Einheit und Textgestalt der Priapeen. Das lateinische Priapeen-Corpus im Kontext antiker Priap-Dichtung, Göttinger Forum für Altertumswissenschaft 10, 2007, 147–250.

Höschele, R.: Longe longissimus. Il *carmen* 68 del Corpus Priapeorum, in: A. Morelli (Hg.): Epigramma longum. Da Marziale alla tarda antichità. Actes du congrès, Université de Cassino, 29–31 maggio 2006, Cassino 2008 (Edizioni dell'Università degli Studi di Cassino. Collana Scientifica 21), 383–396.

– Die blütenlesende Muse. Textualität und Poetik antiker Epigrammsammlungen, Tübingen 2010 (Classica Monacensia 37).

Holzberg, N.: Impotence? It Happened to the Best of Them! A Linear Reading of the *Corpus Priapeorum*, Hermes 133, 2005, 368–381.

Jackson, H. M.: Further Notes on Problems in the Text of the *Carmina Priapea*, in: C. Deroux (Hg.): Studies in Latin Literature and Roman History VIII, Bruxelles 1997, 309–318.

– /Murgia, C. E.: Notes on Problems in the Text of »Carmina Priapea«, Materiali e discussioni per l'analisi dei testi classici 37, 1996, 245–270.

Kloss, G.: Kritisches und Exegetisches zu den *Carmina Priapea*, Göttinger Forum für Altertumswissenschaft 1, 1998, 9–28. 81f.

– Überlegungen zur Verfasserschaft und Datierung der *Carmina Priapea*, Hermes 131, 2003, 464–485.

Michalopoulos, C. N. Μύθος, γλώσσα, και φύλλο στο Corpus Priapeorum, Athina 2014.

– Catalogues in the Corpus Priapeorum, in: A. N. Michalopoulos/S. Papaioannou/A. Zissos (Hgg.): Dicite, Pierides. Classical Studies in Honour of Stratis Kyriakidis, Cambridge 2017, 320–346.

– Disease, Bodily Malfunction, and Laughter in the Priapea, Illinois Classical Studies 43, 2018, 420–437.

Plantade, E./D. Vallat: La folle subjectivité de Priape (Pr. 68), Rheinisches Museum 148, 2005, 305–328.

– Les Priapées de la parole au Livre: la cohérence enonciative des Priapées, Revue de Philologie 79, 2005, 279–307.

Tränkle, H.: Entstehungszeit und Verfasserschaft des Corpus Priapeorum, Zeitschrift für Papyrologie und Epigraphik 124, 1999, 145–156.

Travillian, T. T.: Social and Literary-historical Studies on the *Corpus Priapeorum*, Diss. Boston Univ. 2011 [Pro Quest Dissertations Database, Document ID 879759838].

Young, E. M.: *Dicere Latine*: The Art of Speaking Crudely in the *Carmina Priapea*, in: D. Dutsch/A. Suter (Hgg.): Ancient Obscenities: Their Nature and Use in the Ancient Greek and Roman Worlds, Ann Arbor 2015, 255–280.

– The Touch of the *cinaedus*: Unmanly Sensations in the *Carmina Priapea*, Classical Antiquity 34, 2015, 183–208.

– The Touch of Poetry in the *Carmina Priapea*, in: Alex Purves (Hg.): Touch and the Ancient Senses, London/New York 2018, 134–149.

3. Untersuchungen zu Priapea außerhalb des Corpus Priapeorum

Bing, P.: A Precinct of Epigrams: The Sanctuary of Artemidorus of Perge, in: L. Pratt/C. M. Sampson (Hgg.): Engaging Classical Texts in the Contemporary World, Ann Arbor 2018, 135–160.

Edmunds, L.: Horace's Priapus: A Life on the Esquiline (Sat. 1.8), The Classical Quarterly 59, 2009, 125–131.

Franzoi, A.: Quieta Venus. Il Priapeo 83 Büch. Introduzione, testo critico e commento, Napoli 1998 (Studi latini 29).

– Un inno epigrafico a Priapo (*CLE* 1504), Maia 56, 2004, 85–96.

Frazel, T. D.: Priapus' Two Rapes in Ovid's Fasti, Arethusa 36, 2003, 61–97.

Holzberg, N.: Impersonating Young Virgil: the Author of the Catalepton and his libellus, Materiali e discussioni per l'analisi dei testi classici 52, 2004, 29–40 = In der Rolle des jungen Vergil: Der Autor der *Catalepton* und sein *libellus*, in: ders. (Hg.): Die *Appendix Vergiliana*. Pseudepigraphen im literarischen Kontext, Tübingen 2005 (*Classica Monacensia* 30), 225–236.

– Hoffnung auf die Rückkehr des *aureus puer*: Das Priapeum *Quid hoc noui est*, in: ders. (Hg.): Die *Appendix Vergiliana*. Pseudepigraphen im literarischen Kontext, Tübingen 2005 (*Classica Monacensia* 30), 237–243.

– From Priapus to Cytherea: a Sequential Reading of the *Catalepton*, The Classical Quarterly 68, 2018, 557–565.

Kloss, G.: Catulls Brückengedicht (c. 17), Hermes 126, 1998, 59–79.

Reif, M.: Tibulls Elegie 1,4 als *Carmen Priapeum*, Latomus 77, 2018, 464–481.

Smith, S.: Greek Epigram and Byzantine Culture: Gender, Desire and Denial in the Age of Justinian, Cambridge 2019 [139–164: Phallic Creatures].

Tränkle, H.: Neoterische Kleinigkeiten, Museum Helveticum 24, 1967, 87–103.

Uden, J.: Impersonating Priapus, American Journal of Philology 128, 2007, 1–26.

Willenberg, K.: Die Priapeen Martials, Hermes 101, 1973, 320–351.

4. Fortwirken der Priapeen-Dichtung

Ammer, A. (Hg.): Goethe. Erotische Gedichte. Gedichte, Skizzen und Fragmente, Frankfurt a. M. 1991 (insel taschenbuch 1225).

Dräger, P.: Bissula – Eliza – Lolita: Priap als Sprachlehrer, Göttinger Forum für Altertumswissenschaft 4, 2001, 187–219.

Femmel, G./C. Michel (Hgg.): Die Erotica und Priapea aus den Sammlungen Goethes, Frankfurt a. M. 1990.

Hausmann, F. R.: Carmina Priapea, in: F. E. Crantz/P. O. Kristeller, Catalogus Translationum, Bd. IV, Washington, DC 1980, 423–450.

Henkel, N.: Die *Carmina Priapea* in Sebastian Brants Vergil-Ausgabe (1502). Strategien einer angeleiteten Kommunikation. Mit einem Anhang: Die Sammlung der Vergil-Epitaphien der Straßburger Ausgabe, in: K. Bergdolt [et al.] (Hgg.): Sebastian Brant und die Kommunikationskultur um 1500, Wiesbaden 2010 (Wolfenbütteler Abhandlungen zur Renaissance-Forschung 26), 131–172.

Höschele, R.: Nachleben: Carmina Priapea, in: Rezeption der antiken Literatur, Stuttgart 2010 (Der Neue Pauly, Supplement 7), 749–758.

Willenberg, K.: Priapus – der letzte der Götter. Zur Bedeutung des antiken Gottes in der deutschen Literatur des 18. und 20. Jahrhunderts, Antike und Abendland 25, 1979, 68–80.

– Priapus im christlichen Abendland. Vom schwierigen »Weiterleben« eines antiken Gottes in Literatur und bildender Kunst bis ins 19. Jahrhundert, Hamburg 2010 (Schriftenreihe altsprachlicher Forschungsergebnisse).

NAMENVERZEICHNIS